항공객실서비스 업무론

Airline Introduction to Cabin Services

이수경

지식인

Profile

이수경

학력 이화여자대학교 독어독문학 전공
이화여자대학교 교육대학원 교육공학 전공(교육학 석사)
인하대학교 경영학 박사과정

경력 California State University Long Beach TESOL 수료
Basic Barista Certificate
대한항공 객실사무장
대한항공 객실훈련원 : 신입훈련 담당, 최상위클래스 훈련 전문강사
대한항공 서비스계획팀 : 서비스매뉴얼 개정
대한항공 객실승무부 진급시험 출제위원
전, 아세아항공전문학교 항공운항과 전임교수
인하공업전문대학 항공운항과 외래교수
현, 중부대학교 항공서비스학과 조교수
한국기업교육학회 회원
한국인력개발학회 회원
한국교육공학회 회원

항공객실서비스 업무론

2015년 5월 20일 초 판 발행
2018년 8월 10일 개정판 발행

지은이 | 이수경
펴낸이 | 김종욱
펴낸곳 | 지식인
등 록 | 제301-2013-134호
주 소 | 서울시 도봉구 도봉로 180길 20 투웨니퍼스트 102동 602호
전 화 | 02)2266-8606(대)
팩 스 | 02)2266-8607
이메일 | jisikin2013@naver.com
홈페이지 | www.jisikinbook.co.kr

ISBN 978-89-98591-49-6 (93320)

값 17,000원

항공객실서비스 업무론

"Keep Smile!"

"항공사 승무원을 떠올리면 연상되는 이미지는 무엇인가요?"라는 질문에 승무원을 장래 희망으로 꿈꾸는 학생들 혹은 일반인들은 깔끔함, 단정함, 유니폼, 그리고 스마일 등이라고 답을 합니다.

"Why Smile?"

왜 그래야 하는지 묻는다면, 나는 어떤 답을 할 수 있을까? 단지 Keep Smile의 이유뿐만이 아니라 승무원이기에 지켜야 하는 모든 규율과 규정들을 재해석하고 고객들의 기대심리를 이해하며 그것을 받아들여야 하는 이유를 찾아가는 과정이 제가 대한항공 승무원으로서 생활했던 지난 16년간의 시간이 아니었을까 생각합니다. 일반인들에게 쉽게 노출되지 않는 전혀 새로운 직업세계인 승무원 생활을 시작하며, 저는 스스로에게 던졌던 'Why'라는 질문에 스스로 답을 찾으며 서비스라는 것에 대한 가치를 정의하려고 노력했던 것 같습니다.

항공사 재직기간 동안 여러 후배들을 지도하면서도 그러하였고, 지금은 학교에서 승무원이 되고자 노력하는 학생들을 대면하면서 그들에게도 잊지 않고 당부하는 말은 항상 스스로 'Why'에 대한 답을 찾아보라는 것입니다. 그 이유는 저와 같은 길을 걸어가는 그들이 서비스 절차 및 규정들을 기계처럼 전달하는 '수단'으로서 활용되기보다는 각자의 고유한 감성과 가치를 담은 무형의 서비스를 고객에게 전달하는 '서비스 주체'가 되어주길 바라기 때문입니다.

그러나 각자의 감성과 가치를 담는 과정에서 서비스맨의 근거 없는 융통성과 지나친 고객 응대는 불편함과 오해를 가져올 수 있기에 '서비스 주체'로서 편안하면서도 세련된 서비스를 구현하기 위해서는 정확한 서비스 규정의 이해와 Service Standard Motion의 체화(Embodied)가 반듯이 선행되어야 할 것입니다.

따라서 객실업무에 대한 이론서인 이 책은 객실승무원으로서 역할을 수행하는데 있어 가장 기본적이며 근간이 되는 내용이며, 동시에 최상의 서비스를 구현하기 위한 시작점에 불과한 것이라 생각합니다. 객실업무에 대한 진정한 설명은 승객과 만나는 각각의 접점에서 객실승무원의 부단한 노력과 역량이 합쳐질 때 완성될 것입니다.

따라서 본 교재가 담고 있는 내용은 전공자로서 마땅히 알아야 할 기본 지식이므로, 학습자들은 본 교재의 내용을 바탕으로 스스로 관심을 갖고 더 많은 관련이론을 습득해 가시길 바랍니다.

이 책은 Chapter 1, 2, 3으로 구분하였는데, Chapter 1은 객실승무원에 대한 이해를 바탕으로 항공객실과 객실서비스에 대한 개념을 설명하였고, Chapter 2는 객실서비스의 개념을 바탕으로 기내 Food & Beverage에 대한 이해를 돕고자 하였습니다. Chapter 3은 객실서비스 실무 절차에 대한 설명으로 국제선과 국내선 절차의 순서로 구분하였고, 객실안전에 관련한 업무 또한 실제 비행 업무 절차에 맞추어 내용을 구성하였습니다.

각 항공사마다 차별화된 서비스 절차가 있으나, 이는 객실업무를 이해하는데 불필요한 부분으로 판단하여 본문에서 구별하여 기재하지 않았으며, 대신 신기종과 최신 업무절차에 대한 설명을 추가하려고 노력하였습니다. 또한 객실업무에 대한 대부분의 교재가 일반석 업무에 집중되어 있으나, 객실업무에 대한 개론인 만큼 전체 내용에 균형을 맞추기 위해 상위클래스 업무에 대한 설명을 포함시켰습니다.

이 책을 마무리하며,

책을 만들어 내는 일이 이렇게 많은 책임과 노력이 필요함에도 불구하고 망설임 없이 시작한 탓에 지루한 기다림을 드리게 되었던 지식인출판사에 죄송한 마음을 표하며, 동시에 넘치는 신뢰를 갖고 성의 있는 교정과 편집에 힘써 주신데 대하여 감사한 마음을 전하고 싶습니다. 그리고 무엇보다 곁에서 항상 응원해 주고 무한한 용기와 사랑을 주었던 남편과 늘 깨어있기를 바라시는 어머니에게 감사함을 전합니다.

마지막으로, 객실승무원으로서 수년간 고객응대를 위해 노력해 온 많은 선·후배들의 암묵지를 고스란히 활자화시킬 수 없음을 안타깝게 생각하며 객실승무원의 업무를 이해하고자 하는 항공서비스학과 학생들과 진로를 탐색 중인 어린 학생들에게 이 책이 그들의 꿈을 실현하기 위한 첫걸음이 되기를 진심으로 바랍니다.

저 자

CHAPTER 3 객실서비스 실무 149

Airline Introduction to **Cabin Services**

Introduction to
Airline Cabin Services 1

객실승무원과 객실

Airline Introduction to Cabin Services

SECTION 1 객실승무원의 이해

01 객실승무원의 유래

'The world's first flight attendant did not work on an airplane; he worked on a zeppelin.'

현재는 여객기에 항공기 조종 업무를 맡는 운항승무원과 객실 내 서비스 업무를 맡는 객실승무원의 탑승 근무가 보편화되어 있지만, 여객기에 운항승무원, 즉 조종사 외에 즉 조종사 외에 객실승무원이 탑승한 경우는 비행선Airship의 역사로부터 시작되었다.

세계 최초의 항공승무원은 항공기Fixed-Wing Airliner가 아닌 비행선에서 근무한 남성으로, 독일인 Heinrich Kubis이다. Heinrich Kubis는 엘렌 처치보다 18년 앞선 1912년 독일비행선 Zeppelin에서 Chief Steward로 근무하며 Dining Room에서 승객을 보살피는 역할을 담당하였다. 1947년 그가 탑승하고 있던 Hindenburg 호가 뉴욕 도착 전 폭발하는 사고가 났으며, 그는 도착 전 창문을 통해 Ground로 탈출하여 생존에 성공하였고 1970년에 생을 마쳤다.

Heinrich Kubis(standing in dark jacket) in Dining Room of LZ-127 Graf Zeppelin

그 이후 여승무원이 여객기에 탑승한 것은 미국이 처음으로, 오늘날 유나이티드 항공United Airlines의 전신인 보잉항공수송회사Boeing Air Transport Co.가

1930년 간호사를 채용하여 탑승케 한 것이 최초의 사례이다. 항공사상 최초의 여승무원은 미국 아이오와Ioa주 출신의 젊은 간호사 앨런 처치Ellen Church였다.

【참조】
간호사 출신의 앨런 처치(Ellen Church)는 당초 보잉사에 조종사로 취업하기를 원하였으나 거절당하고, 그 제안에 대한 타협안으로 1개월 조건부로 객실에 탑승하게 되었다. 그 후 그녀의 서비스에 대한 승객들의 호평이 이어졌으며, 이를 계기로 보잉사는 본격적으로 여성객실승무원 제도를 채택하게 되었다. 그 여파로 미국의 20여 개 항공사를 비롯하여 유럽의 파아망 항공사(현재의 에어프랑스)를 시작으로, 1934년 스위스 항공이, 1935년 KLM이, 그리고 1938년 당시 유럽 최대 항공사였던 루푸트한자 항공이 이 제도를 운용함으로써 유럽에서도 여승무원의 활약이 시작되었다.

최초의 여승무원 앨런 처치의 모습(1930년 당시)

【참조】
비행선(飛行船, Airship)은 양력을 이용하는 비행기나 헬리콥터와는 달리 수소나 헬륨처럼 가벼운 기체의 부력을 이용하여 하늘을 나는 항공기이다.

뉴욕상공을 날고 있는 Zeppelin 비행선

최후의 비행선 LZ 129 Hindenburg

02 객실승무원의 정의

「항공법」 제1장 제2조5항에 따르면, "항공기에 탑승하여 항공기 안전운항과 승객의 안전을 위하여 객실내 업무를 수행하여 비상탈출 시 안전하고 신속하게 비상탈출 업무를 수행하는 자를 말한다."고 명시되어 있다. 객실승무원의 정의는 객실승무원이 어떤 업무를 수행하는가를 살펴봄으로써 그 정의를 파악할 수 있을 것이므로, 객실승무원의 임무를 먼저 살펴보고자 한다.

객실승무원의 임무는 크게 두 가지, 즉 '서비스'와 '안전'으로 구분되며 각각의 임무는 다음과 같다. 첫째, 서비스 업무란, 객실승무원은 기업이념이 반영된 객실서비스 정책이 실현되고 제반 규정과 서비스 절차가 준수되어 승객에게 최상의 서비스가 제공되도록 최선을 다해야 함을 의미한다. 둘째, 안전에 대한 업무로서, 객실승무원은 항공기의 안전운항을 위해 기장과 협조하여 운항 중의 승객 안전과 비상 탈출에 관한 임무를 수행하여야 한다. 또한 객실승무원은 안전하고 쾌적한 비행 환경을 조성, 유지하는 것에 대한 책임을 진다. 따라서 객실승무원은 객실의 안전과 서비스를 책임지며, 각 항공사를 대표하는 최고의 전문 서비스인으로서 세련된 글로벌 매너를 겸비한 민간 외교관이라 할 수 있다.

항공사 규정에 맞는 용모와 복장으로 단정한 이미지를 연출

03 객실승무원의 근무 시 용모와 복장

객실승무원은 항공사마다 고유의 이미지를 드러내는 독특한 유니폼을 착용하여 어느 곳에서나 많은 사람들의 시선을 받고, 결과적으로 그 항공사의 이미지를 각인시키는 중요한 역할을 수행하고 있다.

유니폼은 곧 항공사의 얼굴이며, 기착지 등에서 현지인들과 외국인들에게 해당 항공사가 소속된 국가의 이미지를 심어주기도 한다. 그러므로 항공사 객실승무원은 유니폼 착용 시 항상 세련되고 단정한 용모를 유지하여야 한다.

1) 유니폼 착용

유니폼은 회사에서 지급한 것을 형태를 임의로 변경하지 않고 그대로 착용하여 이미지 변형을 방지하며, 회사의 소유이므로 매매하거나 제3자에게 양도하지 않으며 퇴사 시 반납하여야 한다. 또한 유니폼은 항상 완전한 상태로 착용해야 하고, 오염이나 얼룩이 없도록 청결하게 유지해야 한다.

유니폼 착용 시 회사에서 규정한 부착물(명찰, Wing, 견장, 기타 회사에서 지정한 부착물) 이외에, 액세서리 등 개인적인 부착물은 유니폼 고유의 이미지와 항공사의 이미지를 손상시킬 수 있으므로 패용해서는 안 된다. 또한 코트나 반팔 블라우스 등 계절에 따른 유니폼은 항공사 규정에 따라 연출하며, 근무 중 Apron 등의 착용시점 등도 각 항공사 규정에 따른다.

2) 복장

출퇴근 시 복장은 유니폼을 착용한 경우가 아니더라도 직장인다운 Makeup 및 Hair Do를 유지하여야 하며, 본사 출입 시는 준정장 이상의 옷차림을 유지한다. 특히, 해외체재 시에는 회사의 이미지와 객실승무원으로서의 품위를 유지하기 위해 정장 또는 준정장에 준하는 옷차림을 유지하고, 지나치게 캐주얼하거나 노출이 심한 옷 등은 피하며 항상 단정한 모습을 유지하도록 한다.

① 헤어

반드시 Hair Dryer를 사용하여 단정하게 손질하며, 웨이브가 있는 경우 컬Curl을 펴서 손질한다. 또한 서비스 시 앞머리나 옆머리가 흘러내리지 않도록 고정하고, 남승무원의 경우 짧은 길이를 유지하며 옆머리는 귀를 덮지 않도록 한다.

② 메이크업

객실승무원의 메이크업Makeup은 편안한 인상을 주기 위해 무엇보다 자연스러워야 하며, 밝고 건강한 이미지를 연출하는 것이 중요하다. 각자의 피부색과 얼굴형에 맞는 메이크업으로 유니폼과 잘 어울리도록 표현하여야 한다.

③ 시계

객실승무원으로서 비행근무 시 시계는 반드시 착용하며, 컬러풀한 색상이나 지나치게 큰 사이즈가 아닌 단순한 디자인의 정장용을 선택하는 것이 바람직하다. 시곗줄은 Gold, Silver, Stainless Steel이나 Black, Brown, Navy Blue 색상의 가죽 또는 밴드가 무난하며, 주니어용 캐릭터시계의 착용은 바람직하지 않다. 이는 서비스 업무를 수행함에 있어 지나치게 화려하거나 유아스럽게 보이지 않도록 하기 위함이다.

④ 반지

반지는 디자인이 단순하고 폭이 지나치게 넓지 않은 것으로 하며, 서비스 시 걸리기 쉬운 돌출 형태의 반지는 선택하지 않는 것이 좋다.

⑤ 귀걸이

귀걸이는 단순하고 크기가 작은 디자인으로 부착형을 선택한다.

⑥ 팔찌

식음료를 다루는 서비스업종 종사자인 경우, 모든 종류의 팔찌 착용은 일반적으로 금하고 있다.

⑦ 벨트

남승무원의 경우와 여승무원 중 바지 형태의 유니폼을 입는 경우에는 회사 지급품을 착용하며, 버클Buckle의 도금을 포함하여 상태가 양호하지 못할 경우 즉시 교체하는 등 관리를 철저히 해야 한다.

⑧ 기타

피어싱Piercing이나 문신 등은 승객에게 불쾌감을 줄 수 있으므로 하지 않으며, 피부가 손상될 정도의 지나친 선탠 등도 하지 않는다.

⑨ 손

객실승무원은 식음료서비스를 담당하고 있으므로, 서비스 전 · 후 항상 손Hand의 청결상태를 확인하여야 한다.

⑩ 면도

남승무원의 경우 비행 전 반드시 면도Shaving를 하여 정돈하며, 면도 후에는 After Shave Lotion을 바르고, 코털이 밖으로 나오지 않도록 관리하여야 한다.

⑪ 향수

향수Perfume는 반드시 사용하되 자신의 채취와 잘 어울리는 향수를 선택하며, 너무 강하지 않은 은은한 향을 유지하도록 한다. 그러나 식음료서비스 직전에는 사용을 지양하도록 한다.

⑫ Hair Color

Hair는 자연스러운 자기 머리색, 검정색, 짙은 밤색 등으로 연출하는 것이 바람직하다.

⑬ 치아

건강하고 깨끗한 치아Teeth를 유지하도록 노력하며, 치아 교정을 위한 보철을 하고 근무하는 것은 원칙적으로 금하고 있으나, 항공사별로 정해진 사칙에 따라 융통성 있는 적용이 이루어지고 있다.

⑭ 콘택트렌즈

단순미용을 목적으로 하는 컬러렌즈Color Lens나 서클렌즈Circle Lens의 착용은 서비스를 받는 고객들에게 불쾌감을 주거나 부자연스럽게 보여질 수 있으므로, 착용을 삼가는 것이 바람직하다.

유니폼 착용 시 유의사항

아래의 경우에 객실승무원으로서 적절한 행동은 어떤 것인지 의견을 나누어 보자.
- 승무원이 유니폼을 착용하고 주류를 판매하는 장소에 출입하는 경우
- 유니폼을 착용하고 껌을 씹는 경우
- 유니폼 착용 시 근무 중 혹은 출·퇴근 시 핸드폰 사용의 경우

각 항공사는 고유의 CI, BI 전략에 따라 당사 유니폼을 구체화한 것이므로 유니폼 착용 시 회사의 이미지를 훼손하지 않도록 해야 한다.

- CI : Corporate Identing
- BI : Brand Identing

SECTION 2 객실승무원의 자격

01 객실승무원의 자격요건과 임무

1) 객실승무원의 자격

객실승무원은 항공기의 비상 시 필요한 조치를 취할 수 있는 지식과 능력을 갖추어야 하며 이를 습득·유지하기 위하여 회사 내규에 명시된 소정의 교육 훈련을 이수하고 합격하여야 한다. 교육은 신입 훈련, 정기 훈련, 재임용 훈련 등이 있다. 또한 객실승무원은 항공기 탑승 근무에 적합한 신체조건을 유지해야 하며, 그 조건이 미비되거나 미달될 경우에는 승무원 자격이 일시정지 또는 상실된다.

「항공법」상 객실승무원이란 "항공기에 탑승하여 비상 탈출 진행 등 안전업무를 수행하는 승무원"을 말한다. 따라서 객실승무원은 항공기 비상 시 또는 비상 탈출이 요구되는 경우에, 항공기에 비치된 비상장비 또는 구급용구를 이용하여 필요한 조치를 취할 수 있는 지식과 능력이 있어야 한다.

운항기술기준FSR : Flight Safety Regulations상 객실승무원의 자격을 살펴보면, 객실승무원은 임무를 수행하기 위해 국토교통부 장관으로부터 승인받은 항공사 절차 기본교육과 초기 위험물 훈련, 초기 보안 훈련, 승무원 자원관리Crew Resource Management 과정, 초기 비상장비 훈련, 초기 항공기 지상 훈련을 이수하여야 하며, 객실승무원으로서 자격을 취득하고자 하는 자는 객실승무원 비행실습감독관Operating Experience Supervisor의 감독 하에 최소한 2편(편도)의 비행에서 객실승무원으로서의 임무를 수행해야 한다.

이상에서 살펴본 바, 안전에 관련한 승무원의 자격은 국가기관의 법령에 기준한 것이므로 반드시 기준에 충족하도록 하여야 하며, 이외에 서비스에 관련한 자격에 대한 개요는 다음과 같다.

객실승무원은 객실업무 수행을 위한 신입 훈련을 이수하고 심사에 합격하여야 하며, 이후 직급과 경력에 따라 정해진 소정의 교육과정을 이수하여 자격을 취득하여야 한다.

- 「항공법」이란, 국토교통부의 항공관련법 규정으로서 최상위법이다.
- 운항기술기준FSR : Flight Safety Regulations이란, 국토교통부의 항공 관련 고시로서 '항공운송사업, 항공기사용 사업 및 일반항공'에 적용되는 기준을 말한다.

2) 객실승무원의 임무

객실승무원은 항공기 안전운항을 위해 기장을 보좌하여 운항 중에 승객안전과 비상 탈출에 관한 임무를 수행함과 동시에 승객의 요구를 만족시킬 수 있도록 행동해야 한다. 또한 객실승무원은 안전하고 쾌적한 비행 환경을 조성하고 유지하는데 대한 책임을 진다.

02 객실승무원의 직급체계

객실승무원은 '직급'과 '직책'으로 구분하여 조직 내 역할을 구분하고 있으며, 직책이란 직무상의 책임을 말하고, 직급이란 직무의 등급을 말하는 것으로, 일의 종류나 난이도, 책임도 따위가 상당히 비슷한 직위를 한데 묶은 최하위의 구분으로, 동일한 직급에 속하는 직위에 대해서는 임용자격, 시험, 보수 따위의 인사행정에 있어 동일한 취급을 할 수 있다.

1) 직급체계

직급 코드	직급명	일반직 직급명	체류 연한(항공사별로 상이함)
CP(Chief Purser)	수석사무장	부장	–
SP(Senior Purser)	선임사무장	차장	4
PS(Purser)	사무장	과장	4
AP(Assistant Purser)	부사무장	대리	3
SS(Stewardess) SD(Steward)	여승무원 남승무원	사원	3

2) 직책

직책은 근무시의 승무 직책과 팀 내 직책으로 구분되며, 근무 시 직책은 객실 사무장, 객실 부사무장, 일반승무원 등으로 구분되며, 팀 내 직책은 팀장, 부팀장, 팀시니어 그리고 일반승무원은 서열을 의미하는 코드CODE를 사용하여 남승무원과 여승무원을 표시한다.

직책과 직급의 이해

팀 내에서 부팀장의 직책을 맡고 있으면서 비행근무 시에는 객실사무장의 직책으로 비행에 임할 수 있다. 이때 이 승무원의 직급은 경우에 따라 상이할 수 있다. 예를 들어, 객실사무장의 직책을 수행하더라도 SP(Senior Purser), PS(Purser) 혹은 AP(Assistant Purser) 직급일 수 있다.

03 객실승무원의 근무방식

1) 근무 형태

객실승무원의 근무란, 객실승무원이 회사 업무에 종사하는 것을 말하며 브리핑, 휴게시간을 제외한 비행근무 외에도 지상근무, 공항대기 및 교육훈련을 모두 포함한다.

(1) 승무

승무On Duty Flight란, 객실승무원이 비행기에 탑승하여 정해진 업무를 수행하는 것을 말한다. 비행기가 이륙하기 위하여 최초로 움직이기 시작한 시각부터, 비행이 종료되어 완전히 정지할 때까지의 시간, 즉 Crew Block Time을 기준으로 승무시간을 인정하며 견인차량에 의한 이동시간은 포함하지 않는다.

(2) 편승

편승Extra Flight이란, 객실승무원이 다음 승무를 위해 또는 승무를 마치고 할당된 업무 없이 공항과 공항 간을 자사 또는 타사 항공편으로 이동함을 말한다. 따라서 편승으로 이동하는 경우, 준정장을 준비하며 일반 승객들에게 피해가 가지 않도록 유의하여야 한다. 편승에는 Ferry Flight를 포함하는데, Ferry Flight는 일반승객의 탑승이 없는 채로 항공기가 이동하는 것을 말한다.

(3) 대기

대기Stand By라 함은 모든 비행편에서 결원이 발생한 경우, 이를 충원하기 위해 지정된 장소에서 대기함을 말한다. 여기에는 공항 내 지정된 장소에서 대기하는 형태와 자택에서 대기하는 형태 등이 있다.

(4) 휴식

모기지 및 국내 · 외 스테이션Station에서 근무를 마친 후, 다음 근무에 들어가기 전까지 회사 업무로부터 벗어나 있는 시간을 말한다.

모(母)기지

객실승무원이 거주하는 지역을 말하는 것으로, 내국인 승무원의 경우에는 별도의 규정이 없는 한 서울(ICN, GMP)을 의미한다.

(5) Crew Rest

Crew Rest란, 비행근무 중의 휴식을 의미한다. 비행소요 예상시간Scheduled Flight Time이 8시간 이상인 경우 Crew Rest조를 2개조로 나누어 운영하며, 이때 근무조 승무원은 Crew Rest 승무원의 담당구역에 공백이 발생하지 않도록 유의하여야 한다. 또한 Crew Rest시에는 다음 근무를 위하여 충분히 휴식을 취하며, Crew Rest가 끝난 승무원은 근무시작 전 자신의 용모를 재점검하여야 한다.

2) 근무 할당

객실승무원의 근무 형태는 근무 시작과 종료가 일정치 않은 스케줄 근무이므로, 객실승무원은 근무 할당 내역에 대해 확인할 책임이 있다. 객실승무원의 근무는 근무 할당표에 의거하며, 근무 할당표에는 승무, 편승, 공항 대기, 지상 근무, 휴일 및 자택 대기, 교육 등이 Code로 표시된다. 또한 할당된 근무는 사전 승인 없이 불이행하여서는 안 된다.

3) 근무 시 일반 준수사항

객실승무원은 개인적인 서신이나 물품을 임의로 운반할 수 없으며, 객실승무원은 출입국 시 「관세법」에 저촉되는 물건을 반입하거나 반출해서는 안 된다. 또한 승객에 관한 정보를 비밀로 해야 하며, 어떠한 정보도 외부에 공개해서는 안 된다.

객실승무원은 항상 건강관리에 신경을 써서 비행근무에 무리가 없도록 해야 한다. 따라서 비행근무 시작 24시간 이내에 스쿠버다이빙을 해서는 안 되며, 비행 전 수혈 행위를 해서도 안 된다. 부득이 비상시나 가족의 요청에 의한 수혈을 했을 경우, 72시간 이내에 비행을 하면 안 된다.

또한 객실승무원은 승무 중이거나 대기근무 중 또는 할당된 Flight 출발 12시간 이내에 알코올음료를 마셔서는 안 되고, 유니폼을 입고 음주할 수도 없으며 향정신성 물질을 복용하고 비행에 임할 수도 없다. 그리고 서비스용품을 포함한 기내의 모든 물품을 기내 밖으로 반출하여 사용해서도 안 된다.

4) 해외체류 시 준수사항

(1) 숙소체류 관련

객실승무원은 해외체재 시 회사에서 지정한 숙소 이외의 장소에서 허가 없이 숙박해서는 안 되며, 장시간 외출 시에는 객실사무장에게 보고하고 허가를 받아야 한다. 그리고 계속되는 근무를 위해 Hotel Pick Up 12시간 전부터는 휴식상태를 유지하는 것을 원칙으로 하며, 여가시간을 자유롭게 보내는 것은 허락되나 도박행위 및 풍기문란 행위는 금지되어 있다.

(2) 호텔규칙 준수

객실승무원은 기본적으로 호텔에서 정한 일반적인 규칙을 준수해야 하며, 특히 호텔 룸에서 취사행위를 하거나 카펫 등에 이물질을 쏟는 등 지나치게 지저분한 상태로 사용해서는 안 된다.

그리고 호텔의 다른 손님에게 불편을 끼치거나 취침을 방해하는 행동을 해서는 안 되며, 체재 중에는 다음 근무를 위한 충분한 휴식을 취해야 한다. 또한 체류지에 따라 껌 반입이 불가하거나 담배의 반입 개수가 정해진 곳 등이 있으므로, 체류지 출발 전 규정에 맞는 승무원 면세 허용량을 숙지하며 이를 준수한다.

04 객실승무원의 근무절차

1) 비행준비

객실승무원은 브리핑 참석 전 자신에게 할당된 Duty 및 착석 위치, 기장과 객실사무장의 성명 등을 비롯한 해당편 브리핑 전반에 대한 내용을 숙지하고 지시사항과 공지사항 내용을 확인하여야 한다.

2) 브리핑

객실승무원은 비행근무를 위해 출근하여 객실브리핑과 합동브리핑 등의 절차를 거쳐 비행근무에 임한다. 객실브리핑에 참석 시에는 비행에 준하는 용모복장을 갖추어야 한다.

(1) 객실브리핑Cabin Briefing

객실브리핑은 비행준비 점검, 비행에 관련한 정보 공유, 회사정책 및 선임여승무원들의 서비스 TIP 등의 공유를 목적으로 한 객실승무원들 간의 브리핑을 말한다. 당일 Schedule Pattern 중 첫 번째 편에서 해당편 근무 객실승무원과 함께 지정된 장소와 시간에 실시하며, 첫 번째 편에서 실시한 객실브리핑 이후에 기종이 변경되거나 혹은 객실승무원의 변동이 있는 경우 등은 추가로 객실브리핑을 실시한다. 객실브리핑의 내용은 항공기 기번별 최소 탑승인원, 승무원 명단, 필수휴대품 소지, 목적지 정보, 최신 업무지시와 공지사항, 기내방송, 서비스 순서 및 절차 확인 등이다.

① 비행준비 점검

- 객실승무원 인원 및 Duty 확인
- 용모복장 상호점검

- 휴대품 소지점검 : 여권 및 VISA, 사원증I.D 및 승무원 등록증 및 그 외 회사 지정 필수휴대품

② 비행정보 공유

- 해당편 출 · 도착 시각
- A/C Type 및 HL NO.
- 승객예약 상황
- 기내서비스 순서 및 절차
- 기내식 정보
- 목적지 정보 및 노선 특이사항

③ 회사정책 전달

- 회사소식
- 사내추진 캠페인 및 중점 추진업무

④ 서비스 TIP 전달 및 기타사항

- 승객불만, 칭송사례 소개
- 공상방지 스트레칭

(2) 합동브리핑Joint Briefing

객실브리핑을 마친 객실승무원은 운항승무원과 합동브리핑에 참석한다. 합동브리핑은 객실브리핑에 이어서, 혹은 이후에 지정된 장소와 시간에 실시하며, 합동브리핑은 기장이 주관이 되어 객실승무원 및 운항승무원 모두가 모여 실시한다. 그 내용은 보안 고려사항 및 계획된 비행시간, 운항고도, 항로, 항로상의 기상상태, 목적지 기상, 승객예약 상황, 화물탑재 상황, 조종실 출입절차 등의 전달이다.

3) 승객 탑승 전 업무

(1) Crew Baggage 보관

객실승무원의 휴대수하물인 경우에도 기내 반입 휴대수하물 허용량을 초과한 모든 Baggage는 탁송하여야 하며, 기내 보관 시에는 다음의 장소에 안전하게 보관하여야 한다.

① 오버헤드 빈Overhead Bin
② Door가 장착된 Coatroom(Enclosed Coatroom)
③ 좌석 하단으로서 전방과 통로측 방향에 고정장치가 설치되어 있는 공간

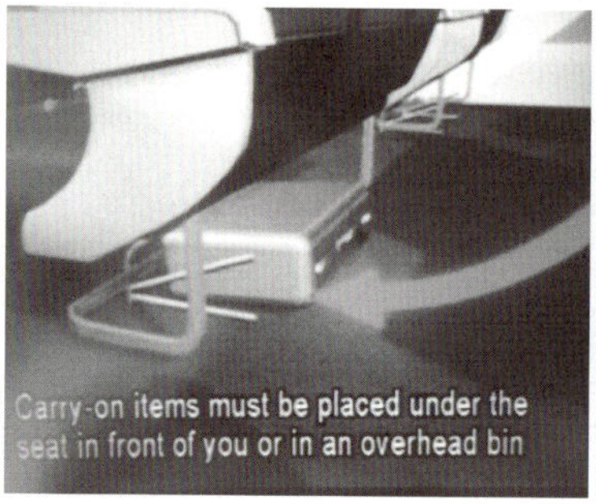

좌석 하단으로서 전방과 통로측 방향에 고정장치가 설치되어 있는 공간

B747-400 A Zone 비행 중 전경

(2) 비행 전 점검

객실승무원은 매 비행 시 안전하고 쾌적한 비행을 위해 비행 전 점검Pre Flight Check을 실시하여야 하며, 비상장비와 보안점검을 비롯하여 서비스용품 탑재, 객실설비와 청소상태 등을 확인하여야 한다. 이는 비행 시 승객의 안전과 쾌적한 여행을 위한 필수 준비로서 정확하고 신속하게 실시하여야 한다.

① 비상 / 보안장비 점검

객실승무원은 각자 배정받은 담당구역에서 비상 / 보안장비 점검을 실시하여 이상 여부를 객실사무장에게 보고하며, 비상 / 보안장비는 다음과 같이 구분된다.

아래 열거된 장비 외에도 비상 / 보완장비는 많이 있으나, 이륙전 담당구역별로 점검해야 할 장비들은 다음과 같다.

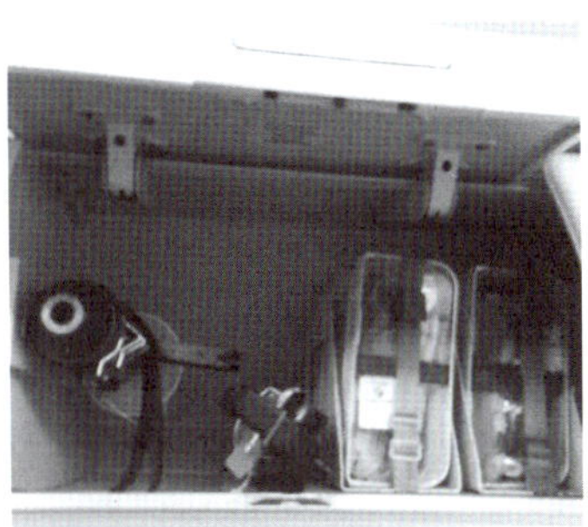
PBE, ELT, Megaphone 탑재상태의 예

- 응급처치 장비 : FAK, EMK, Medical Kit
- 화재진압 장비 : PBE, Smoke detector, 열감지형 소화기. H_2O 소화기, Halon 소화기
- 안전 장비 : Safety Belt, Polar Suit
- 비상탈출 및 비상착수 장비 : ELT, Megaphone, Flash Light
- 보안장비 : Taser, 비상벨, 포승줄, 타이랩, 방탄조끼, 방폭담요

② 기내설비 점검

비행 전 기내의 모든 설비를 점검하여 비행 중 승객들의 편의를 보장하여야 하며, 그 점검 내역은 다음과 같다.

- 객실사무장은 객실조명을 단계별로 조절하여 이상 유무를 확인한다.
- Galley Duty는 Galley에 설치되어 있는 장비의 작동 여부를 확인한다.
- 화장실이 위치한 담당 Zone 승무원은 화장실 청결상태 및 설비의 작동 여부를 확인한다.
- 각 Station에 설치되어 있는 Handset 점검 및 기내방송 상태를 확인한다.
- 승객좌석의 Monitor / Screen 작동 상태를 확인한다.
- 기내 Audio / Video System 이상 유무를 확인한다.
- Potable Water Tank의 Volume 등을 확인한다.

③ Catering Item 점검

각 Class별로 담당승무원은 해당노선에 필요한 각종 SVC기물, SVC Item과 Meal 탑재 내역을 확인하여야 한다.

④ 기내 청소상태 점검

객실승무원은 담당구역별로 청소상태를 확인한 후, 이상이 있는 경우 객실사무장에게 보고하여 적절한 조치가 이루어지도록 한다. Cabin, Floor, Galley, Seat, Toilets, Overhead bin, Window & Blind, Cocoon Style Sleeper Seat 혹은 Prestige Plus Seat 장착기종은 Partition의 청소 상태도 확인하여야 한다.

Cocoon Style Sleeper Seat

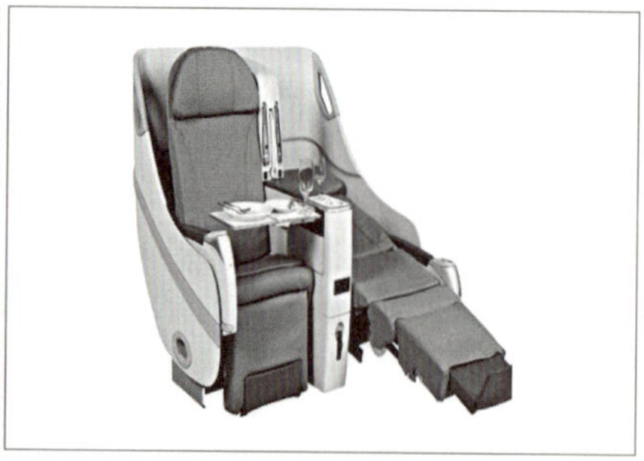

Prestige Plus Seat

(3) 지상서비스 준비

항공기 이륙 전 지상에서 이루어지는 승객서비스는 크게 좌석 안내와 휴대수하물 보관 안내, 신문 및 잡지서비스 등이다. 상위클래스의 경우는 승객 전원에게 개별적으로 환영인사를 하며 Welcome Drink를 서비스하므로 그에 따른 준비가 승객 탑승 전에 이루어져야 한다.

4) 승객 탑승 시 업무

승객 탑승 시작 전에 전승무원은 담당 Zone에 대기하고, 객실사무장은 Boarding Music을 On한다.

(1) 환영인사 및 좌석안내

승객 탑승이 시작되면, 객실사무장은 주 탑승구에 위치하여 전반적인 승객 탑승이 원활히 이루어지도록 객실승무원을 배치하고 안내 업무를 지휘한다. 주 탑승구는 주로 왼쪽 첫 번째L1 Door 혹은 왼쪽 두 번째L2 Door까지 개방하여 이용한다.

환영인사를 담당하는 승무원은 주 탑승구에 위치하여 탑승하는 승객에게 환영인사를 실시하고, 좌석안내 시 승객의 탑승권을 확인하며 승객 좌석 방향을 안내한다. 특히 노약자, 환자, 어린이, 유아동반 승객은 적극적으로 안내한다.

기타 객실 내 승무원은 담당구역 비상구 주변을 기본으로 승객이 도움을 필요로 할 때, 즉시 응대할 수 있도록 유연성 있게 이동하면서 승객 좌석을 안내하고 휴대수하물을 적절한 장소에 보관할 수 있도록 협조한다.

승객 탑승 시 우선순위는 다음과 같다.

- Stretcher 승객
- UM(비동반 소아 Unaccompanied Minor)
- 노약자, 유아동반 승객

- VIP, CIP
- PF / CL, FR / CL 승객
- PR / CL 승객
- EY / CL 승객

【참조】 호송관과 동반하여 항공 여행하는 호송인이 있는 경우, 모든 승객이 탑승하기 전에 탑승하고, 모든 승객이 하기한 후 항공기에서 이탈하도록 조치한다.

(2) 좌석 중복승객 대응절차

같은 좌석을 배정받은 승객이 중복해서 발생하는 경우, 각 승객의 탑승권을 보고 날짜, 편명, 이름, 좌석번호를 확인하고, 좌석 중복배정으로 판명되면 정중히 사과한다. 그리고 신속히 지상직원에게 좌석 재배정을 요청하고, 담당승무원은 조정된 좌석으로 해당승객을 안내한다.

(3) 휴대수하물 보관안내

기내로 반입한 휴대수하물은 다음의 장소에 한해 보관이 가능하다.

① 오버헤드 빈Overhead Bin

② Door가 장착된 Coatroom(Enclosed Coatroom)

③ 좌석 하단으로서 전방과 통로측 방향에 고정장치Restraint Bar가 설치되어 있는 공간에 보관이 가능하다.

22kg/501b

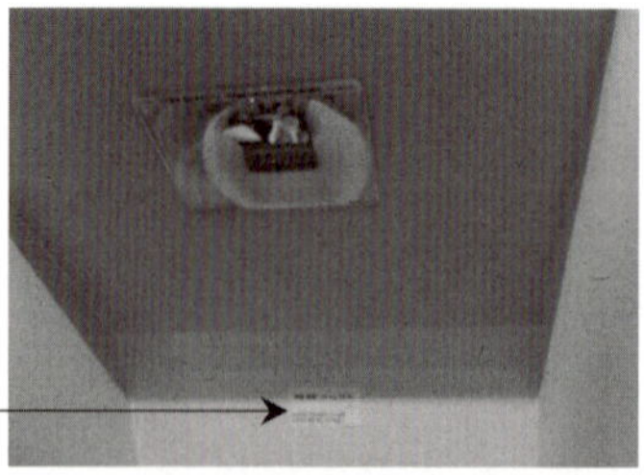

Overhead Bin 허용 중량표시의 예

객실승무원은 승객이 짐을 적절한 장소에 보관할 수 있도록 안내하고 적극적으로 도움을 제공한다. 특히 Overhead Bin에 보관된 물품이 떨어져 승객이 상해를 입지 않도록 허용중량을 참고하며, 짐을 포개어 쌓지 않는 등 휴대수하물의 보관상태를 철저히 확인해야 한다. Overhead Bin 허용 중량은 위의 사진 표기와 같이 Overhead Bin 내부에 기재되어 있다.

(4) 초과 휴대수하물 처리

승객 탑승 중 기내반입이 불가한 초과 휴대수하물 발견 시는 운송직원의 도움을 받아 승객의 최종 목적지까지 일반 화물로 보내도록 조치한다. 이때 승객의 초과 휴대수하물 내의 현금, 유가증권 등 중요서류는 승객이 꺼내서 소지하도록 한다. 그리고 깨지기 쉬운 수하물인 경우는 승객의 서명을 받은 후 'Fragile Tag'을 부착하도록 한다.

5) 지상서비스

(1) 신문 서비스

신문은 Serving Cart를 이용하여 신문 제호가 보이도록 준비한다. 승객이 탑승 시에 직접 신문을 가져갈 수 있도록 Boarding Bridge 혹은 Step Car 상단에 신문 Cart를 비치한다. 서비스 후에 신문 잔여분은 비행 중 재서비스 할 수 있도록 하며 Magazine Rack에도 정리하여 보관한다.

(2) 잡지 서비스

잡지는 승객 탑승 전에 종류별로 제호가 보이도록 Magazine Rack에 가지런히 세팅한다.

신문 / 잡지 서비스

장거리 비행의 경우, 일반석은 Serving Cart를 이용하여 Bridge 또는 Step Car 상단에 준비하여 서비스하거나 Galley 선반에 준비하여 승객이 직접 가져갈 수 있도록 하며, 상위클래스는 Tray 또는 신문전용 Cart를 이용하여 개별적으로 서비스한다.

잡지 세팅의 예

상위클래스 신문전용 Cart

(3) Earphone 서비스

2~3시간 미만의 단거리 비행의 경우, Headphone이 아닌 Earphone을 Giveaway 개념으로 서비스한다. Earphone은 Towel Basket을 이용한 서비스이며, 일반적으로 3시간 이상의 Flight에서는 이륙 후 Cart를 이용한 Headphone 서비스가 이루어진다.

(4) Amenity Kit 서비스

장거리 비행에서 승객의 편의를 위해 칫솔, 양말, 안대, Kit Bag으로 구성된 Amenity Kit을 제공한다.

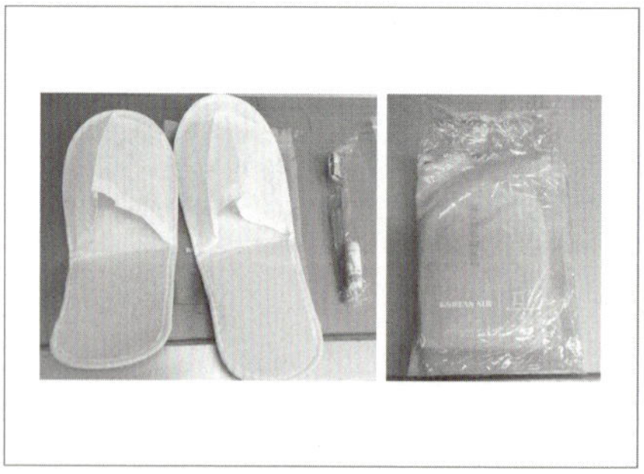

EY Amenity Kit

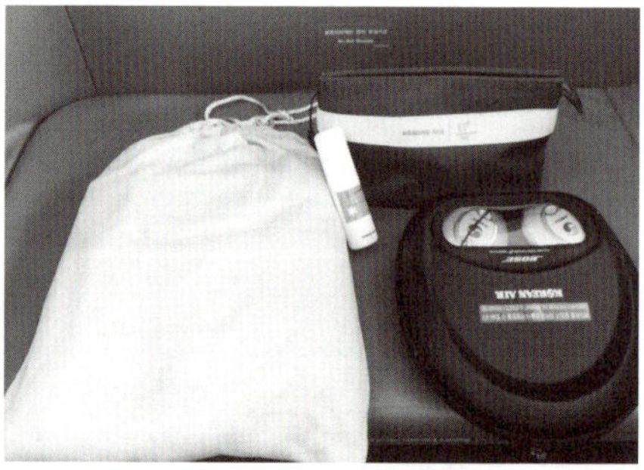

FR Amenity Kit, Noise Reduction Headphone, 편의복

(5) 상위클래스의 경우

일반석과 달리 상위클래스는 승객에게 신문 및 잡지 서비스를 개별적으로 하며, 샴페인과 음료를 포함한 Welcome Drink 서비스가 이루어진다. 일등석 승객에게는 Hot Towel 서비스가 있으며 Small Tray를 이용하여 제공한다.

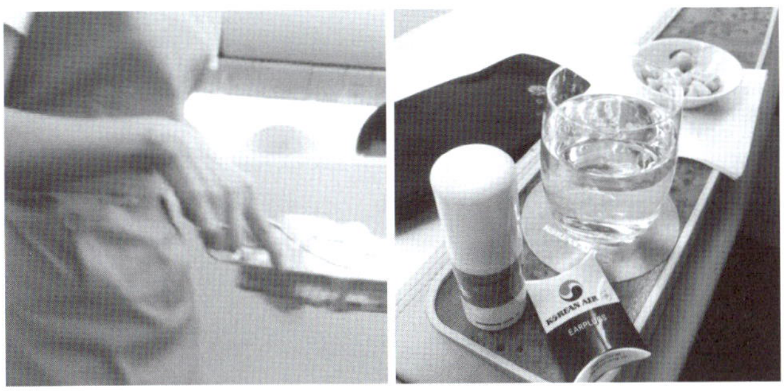

Hot Towel 서비스의 예(좌) / FR/CL 탑승 후 Welcome Drink 서비스의 예(우)

6) Door Close & Safety Check

승객 탑승이 완료되고, 모든 휴대수하물의 정위치 보관과 Overhead Bin의 닫힘 상태가 확인되면 지상직원에게 Door Close 준비 완료를 통보한다. 이어서 기장에게 승객 탑승 인원수와 출입문 닫을 준비가 되었음을 통보한 후, 기장의 동의를 확인한 후 출입문을 닫는다.

Safety Check은 항공기의 지상이동을 위한 객실 준비상태를 점검하기 위한 것으로, 객실사무장이 All Attendant Call을 이용하여 Slide Mode 변경을 포함한 아래 사항들의 이상 없음을 확인하는 절차이다. Safety Check 사항은 다음과 같다.

- 비상구 좌석 착석 승객의 적절성 확인한다.
- 휴대수하물 보관 및 Overhead Bin 닫힘 상태 확인한다.

- 모든 유동물질의 고정 상태 확인한다.
- 승객 착석과 좌석벨트 착용 상태 확인한다.
- 좌석 등받이, 개인용 모니터, Tray Table, Footrest 원위치 상태 확인한다.
- Slide Mode 상태 확인 : 지상에서 승객 탑승 시에는 Slide Mode가 정상위치에 있어야 하며 이륙 전 사무장의 지시에 따라 팽창 위치로 변경해야 한다.

Door Safety Check 절차

1. 사무장 PA "Cabin Crew! Door Side Stand By!"
2. 사무장 PA "Safety Check!"
3. 모든 Door 담당승무원은 Door Slide Mode를 변경한다. 즉 Arming Lever를 정상위치(도착 후 승객 하기 전) 혹은 팽창위치(승객 탑승 후 이륙 전)로 변경한다.
4. Door 담당승무원은 반대편 Door의 Slide Arming 상태가 제대로 변경되었는지 Thumb Up으로 Arming Lever를 가리키며 상호 확인한다.
5. 사무장은 All Attendant Call을 하여 모든 Door의 Safety Check 상태를 보고받는다. 이때 각 항공기의 최후방 L Side부터 보고하고, Upper Deck이 있는 기종은 Upper Deck 상태를 나중에 보고한다.

(보고의 예) B747 기종인 경우

"L5 Safety Check했습니다. L4 Safety Check했습니다. L3 Safety Check했습니다. L2 Safety Check했습니다. UL Safety Check했습니다."

(보고의 예) A380인 경우

"L5 Safety Check했습니다. L4 Safety Check했습니다. L3 Safety Check했습니다. L2 Safety Check했습니다. UL3 Safety Check했습니다. UL2 Safety Check했습니다. UL1 Safety Check했습니다."와 같이 보고한다.

이때 L Side 승무원은 R Side의 Safety Check 상태를 포괄하여 보고하는 것이 된다.

Escape Slide와 Escape Slide / Raft

항공기의 모든 Door에는 비상 시 승객들의 신속한 탈출을 위해 Slide(혹은 Slide / Raft 겸용)가 설치되어 있으며, 비상 시 90초 안에 모든 Slide(혹은 Slide / Raft 겸용)를 팽창시켜 승객들을 탈출시켜야 한다.

- Slide Type : 비상착륙 시 사용 가능하며, 비상착수 시 부유물로 활용할 수 있다.
- Slide / Raft 겸용 : 비상착륙 및 비상착수 시에 사용이 가능하며 비상착수 시 항공기 동체와 분리시킬 수 있는 Ditching Release Handle과 Raft와 동체의 연결선인 Mooring Line을 절단하도록 Knife가 Raft에 탑재되어 있다.

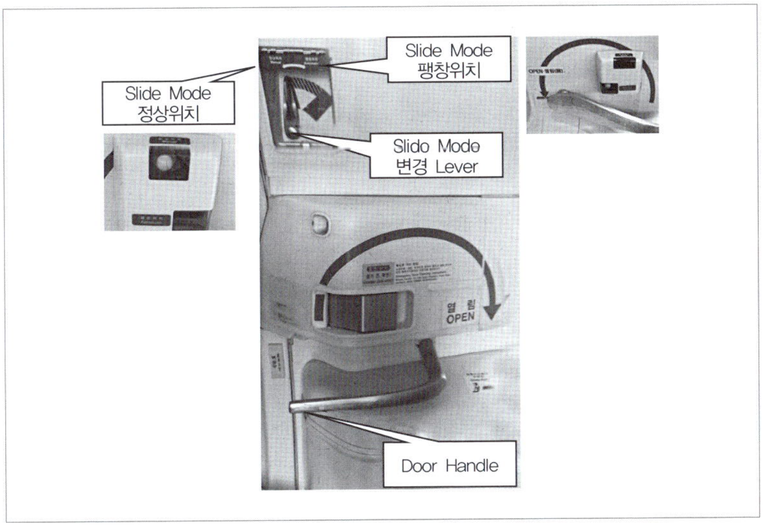

Slide Mode : 정상위치의 모습

7) Welcome 방송

항공기 Door를 닫고 Safety Check 직후에 방송 담당승무원이 Welcome 방송을 실시한다. 객실승무원은 담당 Zone 전방에 대기하여 Welcome 방송에 맞추어 승객을 향하여 정중례(45도)를 한다.

에어부산BX은 여승무원들이 정중례 하기 전에 손으로 하트 모양을 그리는 독특한 환영인사를 하고 있다.

8) 이륙준비

항공기가 이륙하기 전 객실승무원들은 전 승객의 좌석벨트 착용 및 좌석상태 점검과 객실조명 조절, 유동물질 고정 등 항공기 내 시설물의 안전 상태를 점검한다.

(1) Safety Demonstration

안전시범Safety Demonstration은 비상 시 승객들의 신속하고 안전한 탈출 절차를 안내하는 것을 말한다. 비상구의 위치, 좌석벨트 사용법, 휴대수하물 보관 요령, 산소마스크 착용 요령, 구명조끼 착용법, 비상구 유도등 위치 등을 안내하는 것으로 Video Tape 혹은 승무원의 실연으로 실시한다.

(2) 이륙 전 안전업무

항공기 이륙 전 Galley 내의 모든 유동물질의 고정상태를 확인하고 승객 좌석 등받이, Footrest, Tray Table, 개인용 모니터 등의 원위치를 확인한다. 승무원은 Jump Seat에 착석하여 좌석벨트와 Shoulder Harness 착용한다. 객실사무장은 기장에게 이륙준비로 이륙 전 객실조명을 외부 밝기에 맞도록 적절히 조절한다.

9) 비행 중 업무

비행 중 업무는 일반적인 서비스 절차에 의거하여 진행하나 기종, 노선, 비행시간의 정도에 따라 서비스 내용에 차이가 있다. 이륙 후 장거리 비행의 일반적인 서비스 순서(EY / CL)는 다음과 같다.

Headphone & Amenity 서비스

↓

신문 재차 서비스, Child Giveaway 서비스

↓

Towel 서비스

↓

Beverage 서비스

↓

1st Meal 서비스

↓

입국서류 배포 및 작성 협조

↓

기내판매

↓

2nd Meal 서비스

↓

착륙 준비

↓

이륙 후 업무는 국내선, 국제선 단거리 비행과 장거리 비행, 서비스 Class에 따라 차이가 있으며, 자세한 업무 절차는 Chapter 3에서 자세히 다루도록 한다.

10) 착륙 전 업무

착륙 전 담당구역별로 서비스 종료 업무 및 승객안전과 객실안전 점검을 한다.

(1) 잡지 및 Headphone 회수

잡지와 사용한 Headphone은 회수하여 정해진 위치에 보관한다.

(2) 입국서류 작성 재확인

도움이 필요한 승객에게 도착지 국가에서 요구하는 입국서류의 작성에 도움을 제공하고 도착 전 재확인한다.

(3) 객실 내 안전점검

착륙 전 승객의 휴대수하물 보관 상태와 좌석벨트 착용 여부, 등받이 세움 상태, 테이블 원위치, 발받침대의 원위치, 개인용 모니터 등의 원위치 상태와 화장실 내 승객 유무를 확인해야 한다.

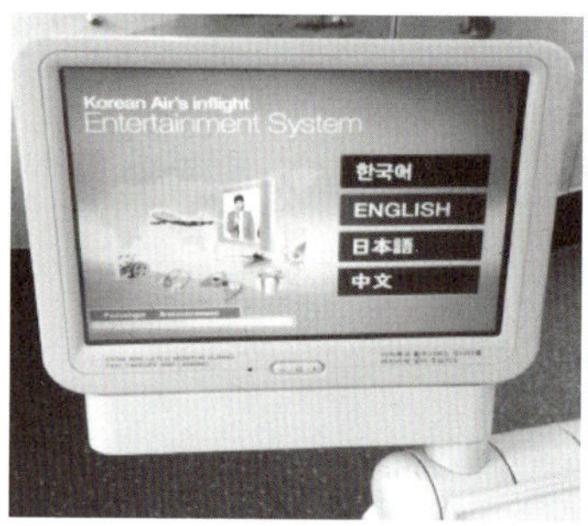

Retractable Monitor인 경우의 예

(4) Galley 정리정돈, 유동물 고정

Galley 선반 위의 물품은 모두 Cart나 Carry on Box 내에 보관하며, 모든 Cart와 Carry on Box는 Compartment 내에 보관하여야 한다.

11) 착륙 후 업무

(1) 하기 인사

객실승무원은 승객의 하기가 시작되면, 특별한 도움이 필요한 승객을 돕고 안내하며 담당 위치에서 적극적으로 하기 인사를 한다.

하기 승객의 우선순위는 다음과 같다.

- 응급환자
- VIP, CIP
- PF / CL, FR / CL 승객
- PR / CL 승객
- UM(비동반 소아, Unaccompanied Minor)
- EY / CL 승객
- Stretcher 승객

(2) 기내 점검

- 객실승무원은 승객 하기가 완료되면 유실물이 있는지 객실 내 점검을 최우선적으로 실시한다.
- 유실물 점검 시 좌석 주위 및 Seat Pocket을 우선적으로 실시하고, 그 외에 Coat Room과 Overhead Bin은 Open하여 내부를 육안으로 확인한다.
- Lavatory와 Bunk 내 잔류승객 유무 확인 등을 하여야 한다.
- 그 밖에 지상직원과의 인수인계가 필요한 Item을 인계하며, 각각의 승무원은 담당 Zone별로 기내 보안점검을 실시한다.
- 객실사무장은 최종적으로 기내를 순시하여 이상 유무를 확인한다.

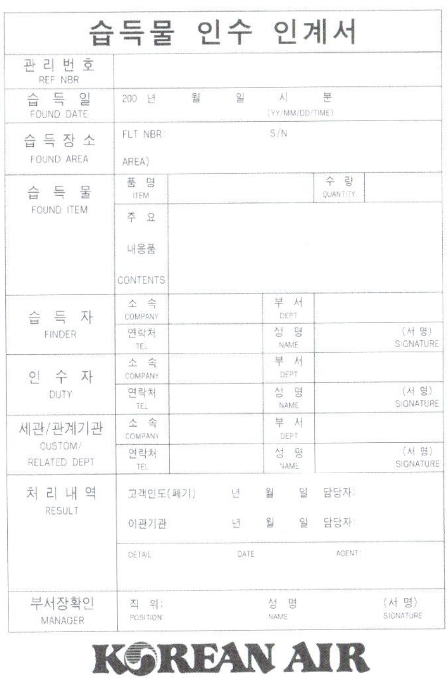

습득물 인수 인계서

관리번호 REF NBR				
습득일 FOUND DATE	200 년 월 일 시 분 (YY/MM/DD/TIME)			
습득장소 FOUND AREA	FLT NBR: S/N AREA)			
습득물 FOUND ITEM	품명 ITEM		수량 QUANTITY	
	주요 내용품 CONTENTS			
습득자 FINDER	소속 COMPANY		부서 DEPT	
	연락처 TEL		성명 NAME	(서명) SIGNATURE
인수자 DUTY	소속 COMPANY		부서 DEPT	
	연락처 TEL		성명 NAME	(서명) SIGNATURE
세관/관계기관 CUSTOM/RELATED DEPT	소속 COMPANY		부서 DEPT	
	연락처 TEL		성명 NAME	(서명) SIGNATURE
처리내역 RESULT	고객인도(폐기) 년 월 일 담당자: 이관기관 년 월 일 담당자: DETAIL DATE AGENT:			
부서장확인 MANAGER	직위: POSITION	성명 NAME	(서명) SIGNATURE	

KOREAN AIR

습득물 인수인계서의 예

유실물 발견 시 처리절차

비행 중 발견 시

객실사무장은 유실물의 내용 및 형태를 승객에게 기내방송을 통해 공지하며, 소유주가 나타날 경우 좀더 구체적인 질문을 통하여 해당 승객의 소유임을 확인한다. 소유주가 나타나지 않을 경우, 하기 후 도착지 지상직원에게 인계한다.

하기 후 발견 시

승무원은 유실물 발견 시 최대한 빨리 승객에게 인계하며, 승객에게 전달이 불가한 경우, 운송직원에게 유실물 내용 및 승객 인적사항을 통보하고 유실물을 전달한다.

12) 하기 후 업무

(1) Debriefing

Debriefing이란, 비행 중 특이사항 보고와 비행 후 업무절차를 확인하기 위한 것으로 항공기 하기 후 지정된 장소에서 객실사무장이 주관하여 진행하며, 이를 통해 업무처리를 확실히 하며 다음 비행에 필요한 서비스 TIP과 정보를 공유하는 기회가 되기도 한다.

① 비행 중 특이사항 점검

- 기내환자 및 부상승객 발생 여부 및 처리내역
- Meal을 비롯한 SVC Item 관련 특이사항
- 기내 분실물 발생 여부 및 처리내역
- 불만승객 발생 여부와 처리내역
- 기내설비 고장 여부 등(Squawk 사항)

② 비행 후 업무절차 확인

- 각종 인수인계서 제출

- Taser 반납
- 기내판매 대금 반납 등

Squawk 사항이란?

외항사에서는 Squawk보다는 Defect라는 용어를 보편적으로 사용하고 있으며, 객실에 장착되어 있는 모든 시설(IFE, 조명, 좌석, 코트룸, 벙크, 화장실, 갤리, 엘리베이터 등)의 비정상 상태를 말하는 것으로, 이상발견 시 객실사무장에게 보고하여야 한다. 이상사항은 객실정비기록부 CDLM(Cabin Discrepancy List & Memo)에 기록하여 다음비행에 조치 될 수 있도록 정비사에게 인계된다.

SECTION 3 항공기와 객실의 이해

01 항공기 이해

1) 항공기 구조

(1) 항공기 외부구조

항공기는 크게 조종석Cockpit과 동체Fuselage, 양쪽 주날개Main Wing, 꼬리날개Tail Wing, 엔진Engine과 착륙장치Landing Gear로 구분된다.

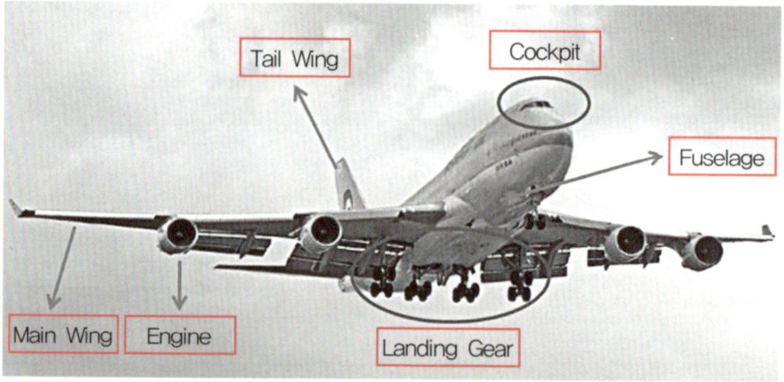

항공기 외부구조별 명칭

(2) Cockpit, Passenger Cabin, Cargo Compartment

① Passenger Cabin, Cargo Compartment

항공기는 승객의 이동을 목적으로 하는 여객기와 화물의 운송을 목적으로 하는 화물기로 구분한다. 일반 여객기는 운항승무원이 탑승하여 항공기 운항을 관장하는 곳인 Cockpit과 승객이 탑승하는 공간인 기내Passenger Cabin 혹은 Cabin, 그리고 승객의 위탁수하물을 싣는 공간인 Cargo Compartment로 나누어진다.

Baggage의 구분

- 항공여행에서 여행자들의 Baggage는 크게 휴대수하물과 위탁수하물로 나뉜다.
- 휴대수하물(Hand Carried Baggage)은 기내에 반입이 가능한 부피와 무게의 짐으로 항공사별로 제한에 차이가 있다.
- 위탁수하물(Checked Baggage)은 기내에 반입이 불가하거나 승객이 원하는 경우, 항공기 Cargo Compartment에 실리는 짐을 말하며, 무료로 위탁되는 짐에 대한 규정도 항공사별로 차이가 있다.

- Cabin은 Main Deck이라고 부르며, 2층으로 이루어진 항공기인 경우 2층을 Upper Deck으로 구분하여 칭한다.
- Passenger Cabin은 Aisle이 하나인 경우 Narrow Body(소형기)라고 하며, Aisle이 두 개인 항공기는 Wide Body(대형기)라고 한다.

Narrow Body Cabin의 예

Wide Body의 예

- 항공기는 좌석 장착수의 물리적 규모에 따라 중형기와 대형기로 구분한다.

B737-800 Narrow Body

- 객실은 Bulkhead라고 불리는 칸막이로 Zone을 구별한다.
- 여객기의 경우 Cargo Compartment는 보통 객실 아래에 위치해 있으며, B747 Combi인 경우는 객실 최후방 한 개의 Zone(E Zone)을 Cargo Compartment로 변형하여 운영하고 있어, 객실승무원은 E Zone 화재 발생에 대비한 추가적 근무 규정을 준수하여야 한다.
- Cargo Compartment도 객실처럼 여압장치가 작동하며 생 · 동물을 탑재할 수 있도록 온도가 조절된다.

- 화물은 ULDUnit Loading Device를 이용하여 Cargo Compartment에 탑재한다.

ULD의 예

② Cockpit

조종실은 Cockpit 또는 Flight Deck으로 불리며, 비행 시 안전운항을 위해 시야 확보를 최우선으로 고려하여야 하므로 통상 항공기 동체의 최전방이나 최상부에 위치하고 있다. 따라서 B747이나 A380처럼 Upper Deck이 있는 경우 Cockpit은 2층, 즉 Upper Deck의 최전방에 위치하고 있다.

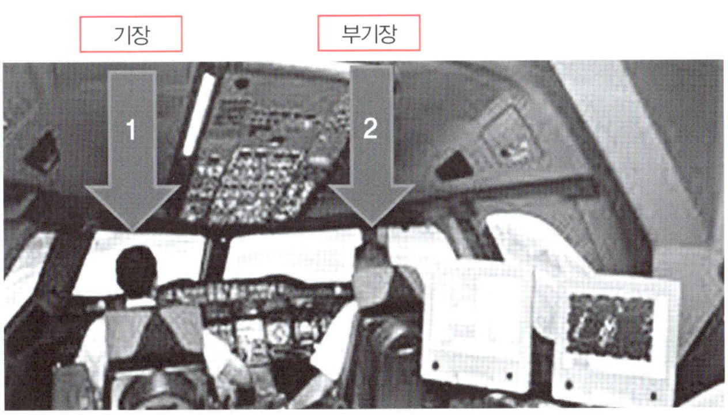

Cockpit 내부

Cockpit은 조종사를 위한 좌석과 물품보관 장소, 각종 비상장비와 통신장비, 조종실 음성녹음장치 CVRCockpit Voice Recorder와 비행정보 기록장치인 FDRFlight Data

Recorder 등이 있으며, 공항과 일정범위 내 진입 시 FAX 송수신도 가능하여 도착지 연결편 승객들의 연결편 탑승게이트 등을 안내하는 데에 활용되기도 한다. 또한 PA시스템이 있어 객실 내 승무원과 원활한 의사소통을 할 수 있으며 각종 기내 안내방송을 실시할 수 있다.

Cockpit 내 좌석은 기종별로 상이하게 장착되어 있고 Autopilot이 가능해진 뒤로 2인 조종실이 증가하고 있다. 기장과 부기장이 탑승하는 경우, 좌석의 우선순위는 항공기가 진행하는 방향으로 왼편이 Priority 있으므로 기장이 왼편에, 부기장이 오른편 좌석에 탑승한다.

(3) Zone과 Exit Door

항공기의 객실은 기종에 따라 여러 개의 Zone으로 나누어지며, 이 구역은 항공기 좌·우에 설치되어 있는 Exit Door를 사이에 두고 구분된다. 각 Zone은 객실승무원의 근무구역을 정하는 기준이 된다.

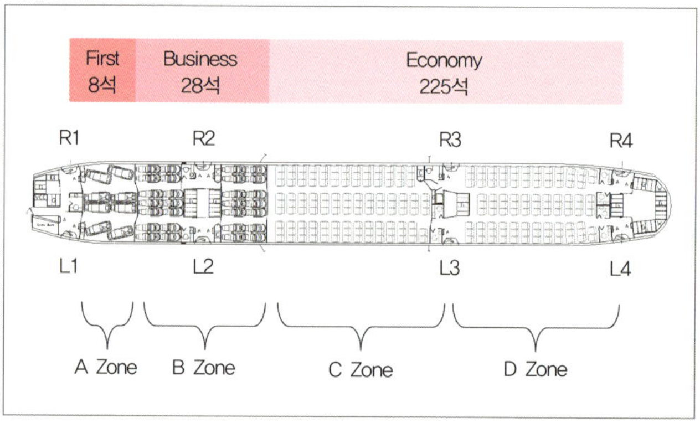

B777-200ER(총 261석)

(4) 대형기

대형기는 A380, B747, B777-300 등 장착 좌석수가 300석 이상인 경우이며, 항공기 Door가 양쪽에 각각 5~6개 있으며, 객실 Zone은 앞쪽에서부터 A, B, C, D, E Zone으로 이루어져 있다. B747의 경우, B Zone과 C Zone 사이에 Upper Deck으로 연결되는 계단이 있다.

(5) 중형기

중형기는 대형기종에 비해 상대적으로 장착 좌석수가 적으며 A300-600, A330, B777-200 등의 항공기로, 항공기 Door가 양쪽에 각각 3~4개 있어 객실 Zone은 앞쪽에서부터 A, B, C, D Zone으로 이루어져 있다.

(6) 소형기

소형기는 B737, F100 등으로 비상구가 양쪽에 각각 2~3개Window Exit 포함로써 A, B Zone 또는 전방Forward, 후방After으로 구분한다.

02 항공기 객실이해

1) 좌석

(1) 승객좌석Passenger Seat

승객좌석은 항공사별로 차이가 있으나, Premium First Class, First Class, Business Class, Economy Class의 등급별로 좌석의 배치나 좌석 간 간격도 다르다. 좌석은 Armrest, Footrest, Tray Table, Seat Pocket, Seatbelt, Seat Restraint Bar 등으로 구성되어 있고, 모든 승객 좌석 밑이나 옆 등에 비상용 구명복이 탑재되어 있다.

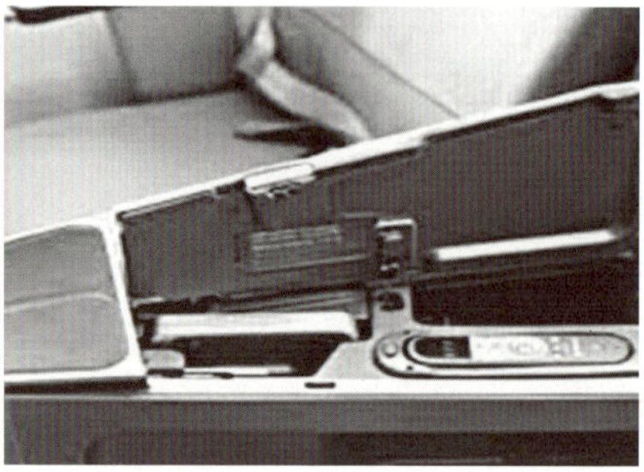

Tray Table, PSC(Prsetige Class)

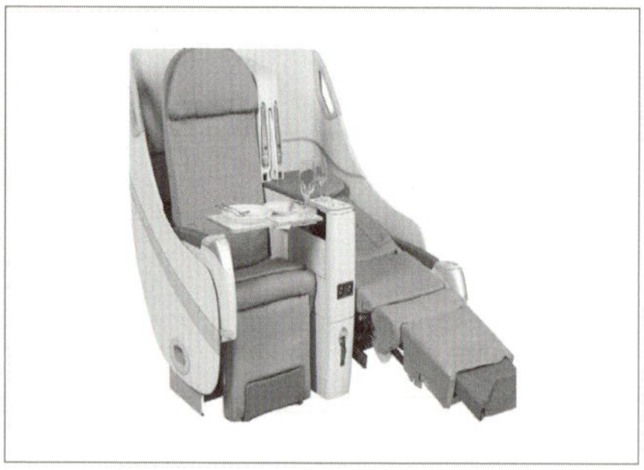

Prsetige Plus Class

Economy Class

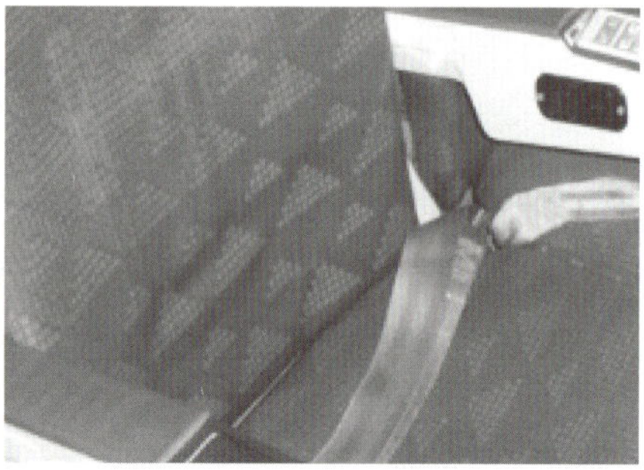

Economy Class

(2) 승무원 좌석Jump Seat

승무원 좌석은 'Jump Seat'이라고 하며 비상 시 승무원의 역할 수행을 위해 비상구 옆에 설치되어 있으며, 1인 혹은 2명의 승무원이 앉을 수 있도록 디자인되어 있다. 착석하지 않는 경우 비상탈출 시를 대비하여 자동적으로 접히도록 되어 있으며, 이때 Seatbelt와 Shoulder Harness는 항상 Jump Seat 안쪽으로 정리하여 놓아야 한다. 또한 승무원 좌석 주위에는 Handset이 설치되어 있어 승무원 상호간 연락Interphone을 취하거나 필요 시 방송PA을 할 수 있도록 되어 있으며, 좌석 주위에는 비상시 사용할 수 있는 각종 비상장비들이 탑재되어 있다.

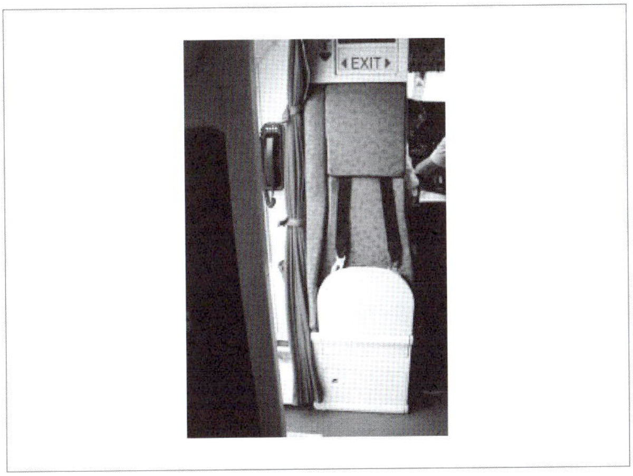

2) 선반Overhead Bin

승객 좌석 미리 위쪽에 부착되어 있는 선반으로 허용 중량이 표시되어 있어, 용량이 초과하는 짐은 보관할 수 없도록 되어 있다.(p.30 참조)

3) PSUPassenger Service Unit와 PSCPassenger Service Control

PSU는 승객이 비행 중에 이용할 수 있는 Reading Light, Passenger Call, Air Ventilation, 각종 Indicator 등이 설치되어 있는 곳을 말한다. PSU 안쪽에는 감

압사태 시 자동적으로 Drop되도록 설계된 산소마스크가 내장되어 있다.

PSC는 좌석 팔걸이부분 등에 설치되어 있는 조절버튼으로서 Call Button, Reading Light Switch 등이 포함되어 있다.

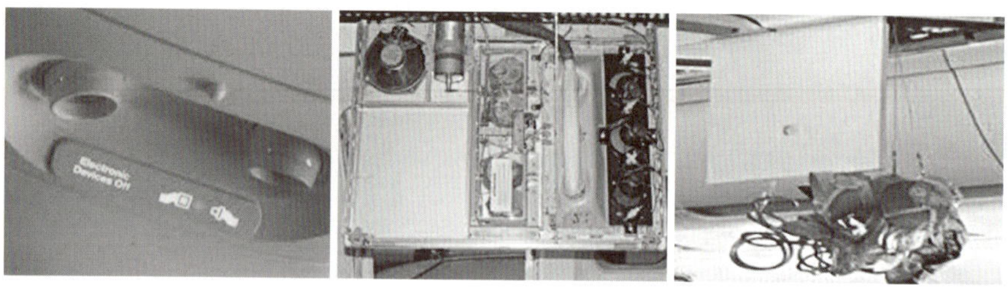

PSU

4) 주방Galley

주방은 비행 중 승객에게 서비스할 식음료를 준비하는 곳으로 Oven, Refrigerator, Coffee Maker, Water Boiler, Warmer, Chiller 등이 있으며, 음료 Cart와 Meal Cart를 보관하는 Compartment와 Water Drain, Waste Container 혹은 쓰레기를 압축하여 보관할 수 있는 Trash Compactor 등이 설치되어 있다.

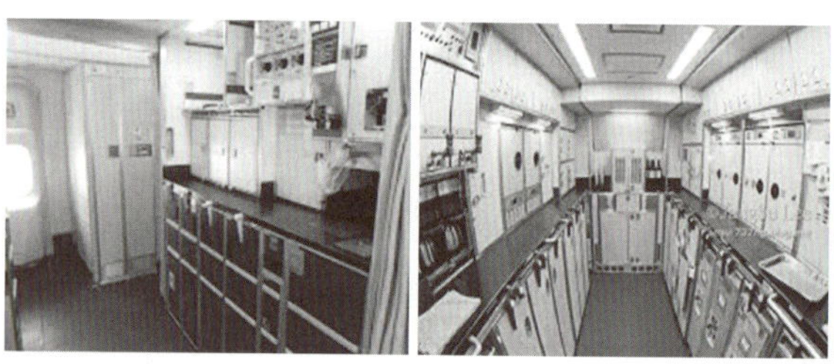

Galley

Trash Compactor

5) 옷장Coat Room

옷장은 클래스별로 설치되어 있으며, 특히 상위 클래스에서는 모든 승객의 의복을 보관하여야 하므로 청결하게 유지하며 서비스용품 등의 과다탑재로 공간이 협소해지지 않도록 주의하여야 한다.

6) 통로Aisle

객실 내 복도로 기종에 따라 1개 혹은 2개가 있으며, 통로가 1개인 항공기를 Narrow Body라고 하며, 2개인 항공기를 Wide Body라고 칭한다.

7) 화장실Lavatory

화장실은 항공사에 따라 여성전용 화장실을 별도로 운용하는 경우도 있으며, 이는 여성고객이 우선적으로 사용하도록 하는데 목적이 있다. 또한 유아의 기저귀 교환대가 함께 장착되어 있는 경우, 화장실 Door 표면에 별도의 표시가 되어 있다.

대부분의 화장실은 병풍처럼 반으로 접히며 열리는 Bi-Folding Door의 형태이나, 장애인용 화장실은 Door 너비가 넓은 여닫이 형태로서 휠체어의 이동이 용이하도록 설치되어 있다.

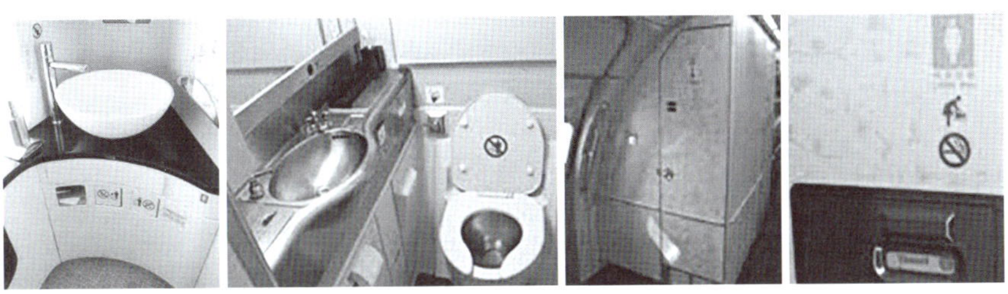

8) 벙크Bunk

장거리 비행 시 승무원이 쉬는 공간으로 이층형 침대가 설치되어 있으며, 항공기 후방 위층에 위치한 B747-400과 항공기 중단 하단에 위치한 B777, A330 등이 있다.

03 항공기 객실서비스 클래스

객실서비스 등급은 항공사에 따라 다양하게 정하여 운영하고 있으나, 통상적으로 3단계로 분류된다. 일등석First Class, 비즈니스석Business Class, 일반석Economy Class으로 분류하고 있으며, 근래에는 First Class보다 한 단계 업그레이드된 서비스를 제공하는 Premium First Class를 운영하는 항공사가 늘어나고 있는 추세이다.

저비용 항공사나 미국 항공사 등의 국내선 일부에서는 클래스Class의 구별 없이 공항도착 순서대로 기내 좌석에 착석하거나 예약시점부터 단일등급으로 좌석운영을 하는 경우도 있다.

1) 일등석First Class

Premium First Class와 First Class는 최상위 Class로서 전문교육을 이수한 승무원이 최고급 기내식을 비롯한 서비스를 제공하고 있다.

일등석은 다른 Class보다 넓고 타 Class와 구분되는 독립된 공간으로, A300-200은 6석, A330-300은 12석 등 항공사마다 좌석 장착수는 조금씩 차이가 있으나 최대 20석을 넘지 않는 것이 보통이다. 최근 좌석에 전용 모니터와 위성전화, 소형 칸막이 등이 설치된 180도 완전 수평으로 누울 수 있는 좌석인 Sleepers First Class를 운영하여 승객 편의를 제공하고 있다. 그 밖에도 좌석이 독립된 Room으로 사용되도록 Door가 설치되거나 샤워시설 등을 제공하는 항공사 등이 출현하고 있는 추세이다.

항공기 탑승 수속은 전용 Counter를 이용하며 서울 출발과 현지공항 내에서

First Lounge 이용이 가능하다. 기내서비스는 승객이 원하는 시점에 맞추어 개별서비스On Demand Service를 하며, 승객의 여행정보 및 직함 등을 사전에 숙지하여 인식서비스를 한다.

2) 비즈니스석Business Class

비즈니스석은 일등석 바로 후방이나 Upper Deck에 위치하며, First Class처럼 비즈니스석 전담승무원의 서비스를 제공하여 승객들의 높은 서비스 기대감에 부응하는 서비스를 제공하고 있다. Prestige Class라고도 하며 Economy Class보다 넓은 좌석과 안락한 Cabin 시설을 제공한다.

기내식과 음료 일부는 Presentation 서비스하여 직접 승객의 주문을 받아 서비스한다. First Class와 동일하게 전 승객에 대한 성명 및 직위 호칭을 하며, 사무장은 환영인사와 도착 진 Farewell 인사를 실시한다. 승객 탑승 시에는 의복 보관서비스를 실시하고 있다.

3) 일반석Economy Class

기종마다 차이는 있으나 보통 비즈니스석 후방 전체를 일반석으로 운영하고 있으며, 일반석이라 할지라도 최근에는 전 좌석에 개인용 모니터를 장착하여 승객들에게 다양한 엔터테인먼트 서비스를 제공하고 있다.

좌석 하단에 발 받침대를 장착하거나 앞좌석 등받이에 옷걸이를 마련하는 등 다양한 편의를 제공하고 있다.

Introduction to
Airline Cabin Services 2

객실서비스 이해

Airline Introduction to Cabin Services

SECTION 1 객실서비스의 개념

01 객실서비스의 개념

객실서비스는 비행 중 기내에서 승객들에게 이루어지는 제반 물적·인적 서비스를 총칭하는 것으로, 항공운송서비스의 마지막 단계라고 할 수 있으며, 고객과의 서비스접점이 가장 많이 오랜 시간 지속되는 단계이므로 고객들의 만족과 불만족 상황이 표출되는 기회가 많다.

객실서비스 중 물적 서비스란, 승객이 객실 내에서 필요로 하는 각종 시설물과 서비스물품을 제공하는 것을 말하며, 인적 서비스란 기내에서 승무원들에 의해 이루어지는 모든 서비스를 말한다.

지구촌 글로벌화가 가속화되고 있는 오늘날에 항공기 수요는 계속 증가하며, 이에 따라 이용 승객의 계층도 다양화되고 생활수준이 향상됨에 따라 승객의 기대수준도 높아지고 있어 객실서비스도 그에 부응하여 계속 변모하고 있다.

02 객실서비스의 특성

객실서비스의 특징은 무엇보다 제한점이 많다는 것에 있다. 첫째, 제한된 공간 안에서 서비스가 이루어지며, 둘째, 제한된 시간 안에서 서비스를 마쳐야 하거나 혹은 고객이 서비스를 거부하고 떠나고자 하여도 정해진 시간 동안 서비스를 제공받아야 하는 점, 셋째, 서비스물품은 비행 중 교체하거나 보충할 수 없다는 제한점을 안고 있다.

따라서 객실서비스는 철저한 사전 준비와 전문성을 겸비한 승무원들의 팀워크로 완성될 수 있다. 또한 기내에서 응급상황 발생 시 외부전문가의 추가 탑승이 불가능하므로, 이에 대한 대처능력을 갖추고 있어야 한다. 항공기 결함으로 인한 비상사태, 응급환자 발생, 테러 등에 대한 신속한 상황판단과 정확한 대응절차 숙지가 필수적이다.

03 객실서비스의 구성

1) 물적 서비스

물적 서비스란, 승객이 기내에서 이용하거나 제공받게 되는 각종 기내시설이나 장비, 식음료 등을 포함하는 상품Product과 기내 온도, 습도, 소음 등에 관련한 운항 중의 환경Environment 및 서비스 전달체계Delivery Systems로 구분된다.

(1) 항공기와 기내 인테리어

치열해지는 항공업계의 경쟁 속에서 항공기와 그에 따른 기내 인테리어에 대한 관심이 고조되고 있다.

대부분의 항공사들은 대표적인 항공기 제조회사인 보잉Boeing이나 에어버스Airbus가 제작한 항공기를 도입하여 항공사마다 다양한 기종이 운용되고 있으나, 항공기 자체는 항공사별로 큰 차이가 없다. 다만, 항공사 고유의 이미지를 심어주고자 동체 표면 특유의 Wrapping을 하거나 기내 인테리어와 기용품 등을 통일감 있게 디자인하는 브랜딩 패키지Branding Package 실행으로 승객들의 관심과 기업 인지도를 높이고 있다.

항공기 제조회사

일반인에게 많이 알려져 있는 Boeing사와 Airbus사 외에도 전 세계적으로 여러 제조회사가 있다. Boeing(미국 시애틀)사와 Airbus(유럽 컨소시엄)사는 Wide Body 항공기를 포함하여 다양한 기종을 생산하고 있으며, 잘 알려져 있던 Macdonald Douglas(맥도널드 더글러스)사는 현재 Boeing에 인수 합병되었다. Narrow Body, 즉 소형기는 네덜란드 회사인 Focker(포커)사에서 제조하여 왔으나, Focker사는 현재 회사 자체가 정리된 상태이다. 그 외에 100인승 내·외의 소형기를 제조하는 회사는 캐나다의 Bombardier(봄바르디에)와 브라질의 Embraer(엠브레어)가 있다. 대한항공이 캐나다 항공기 제작사인 Bombardier사가 제작한 127석급 CS300 차세대여객기를 아시아 항공사로는 처음 도입하여 2018년부터 국내선에 투입할 예정이다.

(2) 좌석

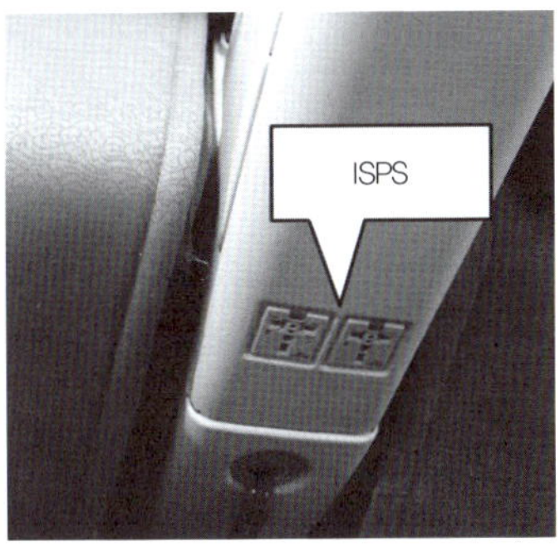

항공기 좌석은 서비스 클래스별로 좌석 간 간격이 상이하게 설치되어 있으며, 최근 들어 서비스 품격을 높이기 위해 좌석의 고급화가 이루어지고 있다. 일등석의 경우, 180도 수평으로 누울 수 있는 좌석이 보편화되고 있으며, 개인용 모니터의 크기도 확대되고, 개별 칸막이 설치를 통해 개인의 프라이버시를 최대한 보장해 주는 편의를 제공하고 있다. 일반석 좌석 또한 개인용 모니터가 전좌석 설치되고 있고, 전좌석에 ISPSIn Seat Power Supply가 있어 개인용 모바일 디바이스Mobile Device의 충전이 가능하도록 하고 있다.

(3) 화장실

화장실 또한 항공사별로 고급화 및 차별화 전략으로 승객들의 요구에 부흥하고자 노력하고 있다. 여성전용 화장실을 별도로 운영하여 여성용 화장품과

Cleansing Tissue, Face Mist 등을 비치하고 있으며, 내부 벽지 인테리어도 여성 고객이 편안함을 느낄 수 있도록 색다르게 연출하고 있다. A380 항공기는 특히 화장실 내에 Window를 설계하여 낮 비행인 경우, 상공의 경치를 즐길 수 있어 작은 공간에서 느끼는 답답함을 해소하고 있다. 또한 일부 화장실은 유아를 위한 기저귀 교환대Baby Diaper Panel가 설치되어 있으며, 기내 휠체어On Board Wheelchair의 이동이 용이하도록 Door 너비가 넓게 디자인된 장애인용 화장실이 있다.

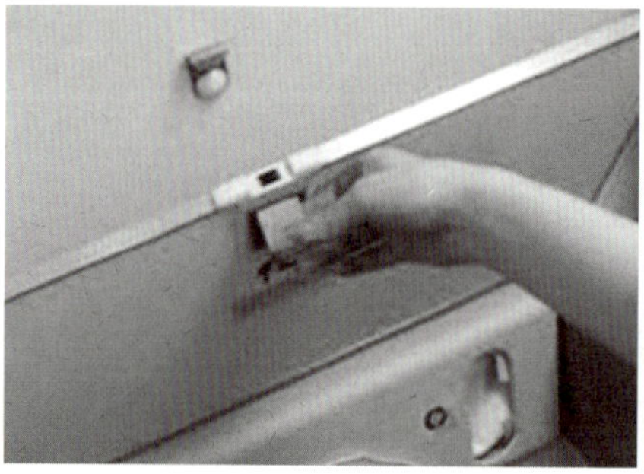

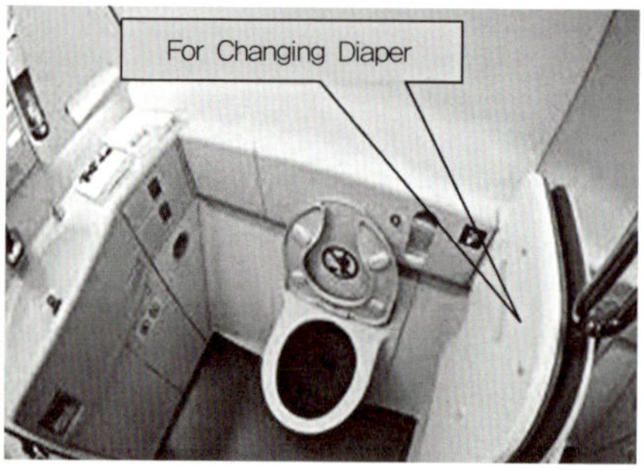

(4) 기내식 음료, 기내 특별식Special Meal

기내에서 비행 중 승객에게 제공되는 음료와 음식은 항공여행의 전체적 서비스의 질을 평가하는 중요한 요소이므로, 각 항공사는 클래스별, 계절별, 노선별로 특색 있는 메뉴를 개발하여 제공하고 있다.

국적항공기의 경우, 일반석에 한식을 도입하여 비빔밥과 국을 서비스하여 내국인뿐만 아니라 외국인들에게도 좋은 호응을 얻고 있으며, 비빔국수를 메뉴로 개발하여 장거리여행에 지친 승객들에게 한국의 맛을 선보이고 있다. 또한 신선한 야채를 곁들인 쌈밥을 기내식 메뉴로 도입하여 한식의 기내식 메뉴가 다양해지고 있다.

또한 동남아 노선에서 아이스크림을 서비스하거나 하와이 노선에 구아바주스를 서비스하는 등 승객만족을 위해 항공사별로 끊임없이 메뉴개발에 노력하고 있다. 또한 승객의 건강상 이유나 종교상의 이유 등으로 일반 기내식 취식이 불가한 분들을 위해 기내 특별식을 제공하고 있다. 유대교 신봉자를 위한 Kosher Meal, 고혈압환자 등을 위한 저염식, 당뇨환자를 위한 Diabetic Meal, 어린아이들이 즐길 수 있도록 하는 Child Meal, 유아들을 위한 Infant Meal, 채식주의자를 위한 Vegetarian Meal 등 다양한 메뉴를 선보이고 있다.

그 밖에 신혼여행과 생일을 기념하는 Honeymoon Cake서비스와 Birthday Cake서비스 등이 있다.

Special Meal의 종류와 약어

Code	해당 Meal 종류	
AVML	Vegetarian Hindu Meal	인도 채식
VOML	Vegetarian Oriental Meal	동양 채식
VLML	Vegetarian Lacto-Ovo Meal	서양 채식
VGML	Vegetarian vegan Meal	엄격한 서양 채식
IFML	Infant Meal	영아식
BBML	Baby Meal	유아식
CHML	Child Meal	아동식
MOML	Moslem Meal	회교도식
HNML	Hindu Meal	힌두교식
KSML	Kosher Meal	유대교식
LFML	Low Fat Meal	저지방식
DBML	Diabetic Meal	당뇨식
LCML	Low Calorie Meal	저열량식
LPML	Low Protein Meal	저단백식
HFML	High Fiber Meal	고섬유소식
BLML	Bland Meal	연식
GFML	Gluten Intolerant Meal	글루텐 제한식
LSML	Low Salt Meal	저염식
NLML	Low Lactose Meal	유당 제한식
PRML	Low Purine Meal	저퓨린식
SFML	Seafood Meal	해산물식
FPML	Fruit Platter Meal	과일식
SPMA	Anniversary Cake	기념케이크

(5) 기용품

기용품이란, 기내설비 및 장비를 제외하고 기내에 탑재되는 모든 물품을 말하며, 기내 탑재되는 물품이 광범위하므로 다음과 같이 구분하고 있다. 승객에게 제공되는 것으로, 그 자체가 서비스의 주(主)가 되는 물품인 서비스 Item과 서비스 보조용품으로 회수하여 재사용이 가능한 물품인 서비스 기물로 나누어진다.

- 서비스 Item : 기내식과 음료, 소모품예 : Paper Cup, Plastic Cup, 가니시Garnish류, 소스Sauce류, 신문 등
- 서비스 기물 : Cart, Linen, Tray, Cutlery, Glassware, Chinaware 등

(6) 엔터테인먼트

기내 엔터테인먼트, 즉 오락물은 크게 영화, 음악, 독서물, 게임 그리고 Airshow 등을 말한다. 기내 영화는 개인용 모니터를 통해 AVODAudio Video On Demand 시스템을 이용하여 다국어로 제공되는 각종 영화와 뉴스, 다큐멘터리 등을 제공하며, 음악은 클래식, 최신가요, 재즈 등 다양한 장르의 음악을 서비스하고 있다.

독서물은 신문과 기내 잡지, 항공사 고유의 기내지 등을 말한다. 또한 AVOD 조절기를 이용하여 즐길 수 있도록 게임 등도 제공하고 있다. 또한 Airshow를 제공하여 항공기의 현재 순항고도, 운항속도, 도착 잔여시간, 도착지 현지시간 등을 안내하고, 항로상의 현재 항공기의 위치를 컴퓨터그래픽으로 모니터에 실시간 상영하는 서비스가 있다.

Airshow 상영

Airshow란, 비행 중 승객들에게 해당 비행에 관련된 각종 정보를 안내하는 시스템으로 비행속도, 고도, 현재 위치, 목적지까지의 거리와 남은 시간, 현지 시각 및 외부온도 등의 정보를 Screen 혹은 Monitor를 통해 제공한다. 이륙 전 승객 탑승 시부터 Demonstration 전까지 상영하며, 착륙 후 항공기 완전히 정지한 후부터 승객 하기가 완료되는 시점까지 상영한다.

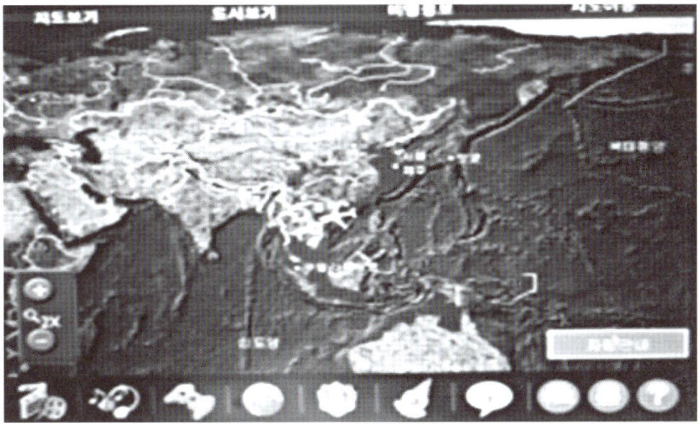

Airshow 상영의 예

(7) 면세품 판매

국제선 항공편에서 승객의 쇼핑 편의를 위해 술, 향수, 화장품, 액세서리 등 세계 유명상품을 면세가격으로 구입할 수 있도록 면세품 판매를 실시한다. 승객의 편의를 위하여 사전 예약주문 서비스를 시행하는 항공사도 있으며, 서비스 가용시간을 고려하여 초 단거리에서는 사전주문 승객에게만 판매가 이루어지도록 하는 경우도 있다. 모든 승객이 면세품을 구입하는 것이 아니므로 구매의사가 없는 승객에게 방해가 되지 않도록 면세품 판매 시에는 각별한 주의를 하여야 한다.

(8) 어린이, 유아를 위한 서비스

2세 미만의 유아를 위한 젖병과 이유식 등이 비상용으로 탑재되며 여벌의 기저귀 등이 탑재되고 있다. 또한 탑승 전 아기요람을 신청하신 승객을 우선적으로 아기요람Baby Bassinet을 설치하여 유아동반 승객의 편의를 제공하고 있으며, 어린이들의 장거리여행의 지루함을 덜어주고자 Child Giveaway를 서비스하고 있다.

아기요람Baby Bassinet

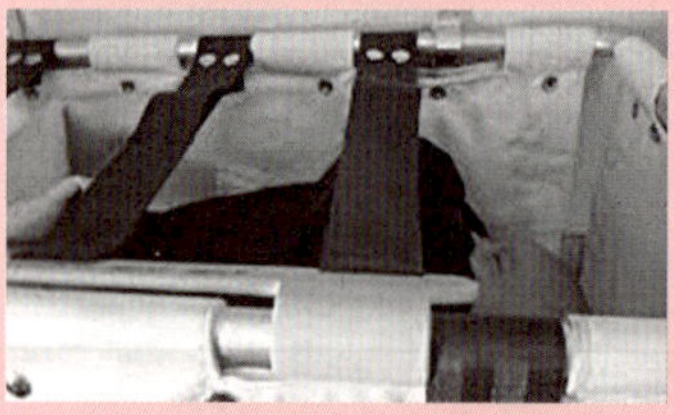

아기요람은 허용 중량이 표시되어 있어 아이 체중에 따라 사용 여부를 결정하여야 하며, 설치가 가능한 Bulkhead 앞좌석으로 사전 예약하여야 서비스를 제공받을 수 있다. 경우에 따라 유아동반 승객이 장착 가능한 요람의 수보다 많은 경우 서비스를 제공받지 못하는 승객이 발생할 수 있으며, 여행 중 불만사항이 발생하지 않도록 세심한 서비스를 제공하는 것이 필요하다. 아기요람은 탈부착이 가능하고 이륙 후 안전고도에 다다른 시점에 설치하며, 비행 중 요람에 누워있는 유아의 안전을 위해 항상 Velcro Tape으로 고정시켜 놓아야 한다.

(9) 기타 서비스

고객의 서신 등 항공사 취항지로 발송하는 경우, 무상으로 우편서비스를 제공하기도 하고, 고객 제언서를 좌석 앞주머니에 비치하여 서비스에 대한 고견을 접수하고 있다. 또한 좁은 기내 좌석공간으로 인한 일반석 증후군Economy Class Syndrome 현상을 방지하고자 기내체조 비디오를 제공하기도 한다.

장애인용 설비로는 전용 화장실을 포함하여 일부 기종의 경우, 통로측 좌석의 팔걸이가 완전히 접혀 올라가도록 설계되어 좌석에서 수평으로 이동하여 휠체어로 옮겨 탑승하기 용이하도록 배려하고 있다.

그 외 항공사별 특화서비스로는 상위클래스에 마스크팩을 서비스하는 Charming 서비스, 퍼스트 클래스의 편의복 제공 서비스, Wake-Up 서비스, 마술쇼와 생일축하 연주 공연 등을 제공하는 Flying Magic 서비스, 도움이 필요한 승객을 도와드리는 한가족 서비스 등이 있다.

또한 현재는 진행되고 있지 않지만, 유명 박물관과 미술관의 작품 감상법을 안내하는 문화예술가이드 서비스 등 각 항공사마다 승객의 편의를 위해 타 항공사와 차별화된 다양한 서비스를 고안해 내고 있다.

(10) Magazine Rack

객실 내 Bulkhead에 설치되어 있는 Magazine Rack을 이용하여 탑재된 잡지와 신문 등을 비치하여 비행 중 승객들에게 읽을거리를 제공하며, 객실승무원들은 지속적으로 잡지와 신문 등이 정리된 상태가 유지되도록 하여야 한다. 도착 전 모든 잡지를 회수하여 하기될 수 있도록 하며, 승객 하기 후에 보완점검 시 Magazine Rack 안에 이물질 및 위험물질이 있는지 확인하여야 한다.

2) 인적 서비스

(1) 기본예절

서비스의 기본은 상대방의 관점에서 불편하지 않고 편안함을 느낄 수 있도록 하는 것이며, 상대방을 존중하고 배려하는 마음이 전제되어야 한다. 기본 원칙을 시키시 못하는 기내상황에서는 융통성 있게 변형하여 서비스할 수 있으나, 상대방을 존중하고 배려하는 마음이 전달되지 못한다면 기본 원칙을 지키지 못하는 불가피한 상황일지라도 승객에게 불쾌함만을 주게 된다.

따라서 항상 서비스의 기본 원칙이 몸에 배이도록 훈련하는 것이 필요하며, 이와 동시에 승객을 응대하는 객실승무원의 마음가짐 또한 기본 원칙 못지않게 매우 중요하다. 기본예절의 자세를 구체적으로 살펴보면 다음과 같다.

① 기본자세

- 눈높이 자세
  - 승객과 장시간 대화를 나누어야 하는 경우나, 승객에게 사과할 때 등 필요한 경우 눈높이 자세를 취한다.
  - 승객을 정면으로 볼 수 있도록 승객의 1열 앞이나 승객의 Armrest 옆쪽에서 무릎을 꿇고 앉은 자세로 응대한다.
  - 무릎 중 승객 쪽 무릎만을 바닥에 닿도록 하고, 다른 쪽 무릎은 약간 세

워 상체가 흔들리지 않도록 안정된 자세를 취한다.

- 눈높이 자세를 하는 경우, 기내화가 벗겨지지 않도록 주의하여야 한다.
- 상위클래스의 경우는 기내식 주문을 받을 시에도 눈높이 자세를 취한다.

ㅇ 걷는 자세

- Aisle 등을 지날 때 가슴과 등을 곧게 펴고, 시선은 승객을 향한다.
- 보행 중에는 다리가 벌어지지 않도록 양 무릎을 스치듯 걷고, 발을 끌지 않는다.
- 특히 기내 바닥은 울림이 심한 편이므로 걸음걸이가 조심스럽지 않은 경우, 취침 중인 승객에게 심한 방해가 될 수 있으므로 각별히 주의해야 한다.
- 뒷짐을 지거나 주머니에 손을 넣고 걸어서는 안 되며, 팔짱을 끼고 걷지 않는다.
- Emergency 상황 외에는 뛰어서는 안 되며, 급할 때는 빠른 걸음으로 조용히 걷는다.

ㅇ 서있는 자세

- 턱은 당기고 시선은 정면을 향하며, 등과 가슴은 곧게 편다.
- 무릎과 발뒤꿈치는 붙이고, 손은 자연스럽게 내려놓는다.
- 양 발은 발뒤꿈치를 붙이고 약 30도 정도로 한다.
- 승객의 가시권 내에서 뒷짐을 지거나 의자, 벽, Cart, 기둥 등에 기대어 서있지 않는다.
- 특히 비행근무를 위해 출·퇴근 시 신분이 드러나는 유니폼 복장인 경우, 더욱이 정갈한 자세를 유지하도록 하여야 한다.

ㅇ 앉는 자세

- 허리를 곧게 펴고, 등 아랫부분은 등받침에 붙이되 기대지 않는다.

- 팔짱을 끼지 않고, 손은 자연스럽게 무릎 위에 올린다.
- 무릎과 발은 모으며, 다리를 꼬지 않는다.
- 이·착륙 시 승무원 좌석에 앉아있는 경우는 안전 규정에 따른다.

○ 방향 안내

- 방향을 안내할 때는 직접 해당 장소까지 안내하거나, 손가락을 가지런히 모아 손바닥을 위로 오도록 하여 방향을 안내한다.
- 오른쪽의 것을 안내할 경우 오른팔을, 왼쪽의 것을 안내할 경우는 왼팔을 이용하며, 뒤편을 안내할 경우 몸을 돌려 안내하여야 한다.
- 한 손가락이나 턱으로 안내하지 않도록 유의한다.
- 사람을 지목하여 안내할 경우는 한 손이 아닌 두 손을 이용하여, 왼손이 오른손을 받치는 모양으로 안내한다.

② 인사 자세

○ 기본 인사법

- 인사를 받는 사람을 향해 바른 자세로 선다.
- 발은 발뒤꿈치를 붙이고 15~30도 정도 앞발을 벌려 선다.
- 가슴과 등은 자연스럽게 곧게 편다.
- 어깨는 힘을 빼고 어깨선이 굽지 않게 한다.
- 손은 여성의 경우 오른손이 위로 오도록 하여 두 손을 앞으로 모으고, 남성은 가볍게 주먹을 쥐어 바지의 재봉선에 자연스럽게 붙인다.
- 상대방의 눈을 보며 밝고 쾌활한 목소리로 인사말을 건넨다.
- 상체를 정중히 굽힌다.
- 0.5~1초 정도 잠시 멈춘다.
- 시선은 발끝 1~2m 앞에 둔다.
- 몸을 천천히 일으킨다.

- 바로 서서 Eye Contact & Smile을 한다.
- 이때 상체를 굽히는 속도가 일으키는 속도보다 빨라야 한다.

○ 인사의 종류

- 목례(15도) : Aisle에서 승객과 마주치거나 할 때, 한 승객과 자주 마주칠 때 목례를 한다.
- 보통례(30도) : 일반적인 인사 시, 승객 탑승/하기 시 한다.
- 정중례(45도) : 깊은 감사와 사죄를 표할 때, 방송에 맞춰 Welcome 인사를 할 때에 한다.

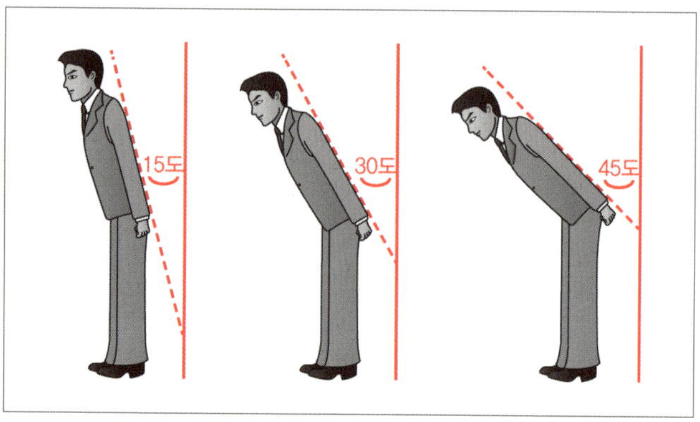

(2) 승객 응대 자세

승객을 응대할 때의 자세는 용모복장, 표정, 말씨, 태도 그리고 시선처리로 구분하여 살펴볼 수 있으며, 각각의 원칙을 지키는 것은 서비스맨의 자질을 갖추는 데에 필수적이다.

① 용모 복장

용모 복장은 항상 정해진 규정에 맞게 청결하고 단정하게 유지한다.

② 표정

승객을 맞이할 때는 승객의 얼굴을 보고 Eye Contact를 하며 밝은 표정으로 환영의 인사말을 건네고, 비행 중 승객 응대 시 승객에게 친근감을 주는 밝은 표정을 유지하며, 상황에 어울리는 표정으로 자연스러운 응대가 되도록 한다.

③ 말씨

승객 응대 시 표준어, 경어, 정중한 어휘를 사용하여 공손하게 표현하며, 반토막 말이나 은어, 승무원 간 사용하는 전문용어는 사용하지 않는다. 예를 들어, Galley, Delay, RS 승무원 등으로 표현하지 말고 주방, 지연, 현지승무원 등으로 표현하도록 한다.

또한 외래어는 지양하며 정확한 발음과 적절한 속도, 밝고 긍정적인 어조를 구사하도록 한다. 예를 들어 "서계시면 안 됩니다." 보다 "앉아주십시오." 또는 "앉아주시겠습니까?" 등의 청유형으로 전달하는 것이 바람직한 대화법이라 할 수 있다. 그리고 기내판매 시나 승객 Rest 시점에 목소리를 크게 하지 않는다.

상위 클래스에서는 승객의 이름이나 직함을 호칭한다. 그러나 이때에도 잘못된 정보로 인해 승객의 현재 신분과 다른 직함을 부르거나 젊은 여성에게 "여사님"이라는 호칭을 사용하는 것 등도 불쾌감을 줄 수 있으므로 호칭 사용 시 각별히 주의한다. 국내 K항공사 불만사례에서는 "할머니, 할아버지" 등의 호칭 사용에 대한 승객 불만사례도 보고된 바 있다.

이처럼 승객의 이름과 직함을 사전에 파악하여 호칭하는 것은 승객 한 분 한 분을 특별하게 모시는 인식서비스가 될 수 있으나, 적절한 호칭을 선택하는데 세심한 배려가 필요하다 하겠다. 그리고 어린이 승객이라 하더라도 반말을 하지 않는다.

④ 태도

객실승무원은 항상 승객의 가시권에서 자세와 동작은 바르고 공손하게 한다. 기내에서 뿐만 아니라 신분이 드러나는 항공기 도착부터 자택이동 시까지도 주의하는 것이 필요하다. 그리고 외국인 승객이나 특정 승객에게 집중하는 서비스는 다른 승객들의 불만을 야기시킬 수 있으므로, 모든 승객에게 예절바르고 공평한 태도로 서비스하도록 한다.

그 밖에 통로에서 승객과 마주칠 경우 가볍게 목례를 하며, 승객이 먼저 지나가도록 양보한다.

⑤ 시선

승객 응대 시에는 고개를 승객 쪽으로 정면이 되게 하여 승객의 눈을 보고 응대한다. 고개를 돌리지 않은 상태로 승객을 응대할 경우 흘겨보는 듯 오해받을 수 있으며, 특히나 앉아있는 승객을 서서 내려다보는 경우 승객 입장에서는 승무원을 올려다보게 되어 불편할 수 있고 존중받지 못하는 것처럼 느껴질 수 있으므로, 장시간 대화를 나누게 될 경우에는 눈높이 자세를 취하여 승객과의 시선을 편하게 하는 것이 바람직하다.

(3) 승객 응대 시 주의사항

승무원은 전문서비스인으로서 업무지식에 정통하여 승객의 질문에 항상 정확한 답을 할 수 있어야 한다. 또한 해당편 비행정보, 즉 비행시간, 비행경로, 목적지 도착 예정시간 등을 숙지하여 이를 승객과의 대화에 활용할 수 있어야 한다.

승무원 담당구역 전 승객에게 관심을 갖고 불편사항이 없는지 살펴야 하며, 승객이 이야기할 때에는 경청하며 긍정적인 자세를 취하고, 이때 가급적 토론은 피한다. 승객의 요구사항을 해결하기 어려운 경우는, 이유를 정중히 설명하고 제공 가능한 대체물품을 권유한다. 그리고 객실승무원은 승객으로부터 어떠한 금품도 받아서는 안 되며, 통로나 Jump Seat 또는 Galley에서 동료들과 잡담을 해서 승객의 휴식에 방해가 되지 않도록 한다.

불만승객 응대요령

- 불만을 토로하는 승객에게는 승객의 불평등을 처음부터 끝까지 경청하고 이를 해결토록 노력하는 자세를 보여야 한다.
- 불만승객 발생 시 해당 승무원이 일차적으로 해결을 한 후 객실사무장에게 보고하며, 객실사무장은 비행 종료 전까지 최상의 조치를 취하도록 한다.
- 원만한 해결이 불가할 시는 비행 종료 후 즉시 Cabin Report를 상세히 작성하여 제출한다. 경우에 따라 기내에서 해결이 된 사안일지라도 객실사무장 판단 하에 Cabin Report를 제출한다.

(4) 승객 호칭 서비스

① 호칭 서비스 개요

승객의 직함 등을 파악하여 호칭하는 것은 승객을 한 분 한 분 특별한 존재로 인식하고 있다는 것을 나타내는 것이므로, 고객만족을 가져올 수 있는 서비스 방법이다. 그러나 적절치 못한 호칭을 장시간 비행하는 동안 사용하게 된다면, 최악의 서비스 결과를 가져올 수 있으므로 각별한 주의를 기울여야 한다.

호칭 서비스 대상자는 일반적으로 상위클래스 탑승자 전원과, 일반석에 탑승하였으나 직위가 파악된 상용고객이거나 VIP 승객 등이다.

② 호칭 방법

일반적으로 승객의 호칭을 처음 부를 경우는 성과 직위를 함께 부르며, 이후 서비스 시에는 직위만 사용하여 부른다. 예를 들어, '김총장님(성 + 직위 + 님)'으로 최초 호칭하며, 이후부터는 '총장님'으로 부르는 것이 바람직하다. 그러나 직위를 알지 못하는 경우나 신분 노출을 원하지 않는 승객인 경우는, 손님 또는 연장자인 경우 '선생님'이라는 호칭을 사용하는 것이 무난하다. 그리고 미성년인 경우는 '이름 + 손님'을 붙여 호칭하는 것이 바람직하다.

(5) 식음료서비스 매너

① 주문받을 시 주의사항

당일 제공되는 메뉴, 음료의 내용을 숙지하고 승객의 기호 파악에 노력하여 승객의 취향에 맞는 적극적인 추천과 안내를 한다. 이를 위해서는 제공되는 식재료의 이름과 특성들에 관한 지속적인 관심과 학습이 이루어지도록 개인적인 노력이 이어져야 한다.

식음료 추천 시는 가급적 외래어나 전문용어 사용은 피하여 이해하기 쉽도록 설명하며, 주문받을 시에는 항상 메모지 등을 지참하여 주문 내용을 즉시 정확하게 적는다. 주문을 받을 때는 승객의 좌석번호를 정확히 기억하여 잘못 제공되는 일이 없도록 하여야 하며, 특히 건강식이나 종교식을 특별히 주문한 승객의 경우, 해당 식사가 잘못 전달된다면 대체할 수 있는 별도의 기내식이 없으므로 주의하여야 한다.

준비시간이 오래 걸리는 식음료를 주문받을 때와 승객의 주문사항을 즉시 제공하지 못할 시는 그 사유를 설명하고, 소요시간을 알려 불만요소를 최소화하는 것도 필요하다.

② 서비스 시 주의사항

뜨거운 식음료는 뜨겁게, 차가운 식음료는 차갑게 서비스 될 수 있도록 제공한다. 따라서 뜨거운 식음료를 제공할 시 화상에 주의하도록 안내하며, 승객 앞에서 준비해야 하는 경우 복도 쪽에서 따라 제공하는 것이 안전하다.

식음료를 서비스할 시에는 무언(無言)으로 서비스하지 않고 적절한 말을 건네는데, 창측이나 안쪽 승객부터 먼저 주문을 받고 먼저 제공하며, 남녀 승객이 같이 앉아있는 경우에는 여자 승객에게 먼저 주문을 받고 먼저 제공한다. 어린이 동반 승객의 경우에는 어린이 승객에게 먼저 주문을 받고 먼저 제공한다. 그리고 노인 승객이 같이 앉아있을 경우에는 노인 승객에게 먼저 주문을 받고 먼저 제공한다.

주문받은 식음료를 제공하기 전에 먼저 승객의 테이블을 펴드리며, 이때 창측 승객에게는 양해를 구해 승객이 직접 테이블을 펴도록 권유한다. 승객과 마주보아 왼쪽 승객에게는 왼손으로, 오른쪽 승객에게는 오른손으로 제공하되, 뜨겁거나 무거운 것을 제공할 때에는 편한 손으로 제공해도 무방하다.

모든 서비스 Item은 가능한 한 뒷면이 보이지 않도록 하며, 승객에게 전달할 때에도 허리 중앙에 위치하여 허리 밑으로 떨어뜨리지 않도록 한다. Entrée가 승객 앞 안쪽으로 놓이도록 제공하며, Tray 또는 접시가 절대로 승객의 머리 위를 스쳐지나가서는 안 된다.

또한 창측 혹은 안쪽 승객에게 서비스 시 통로측 승객의 자리를 침범하게 되는 경우 통로측 승객에게 양해를 구하며, 음식을 담는 부분에 손이 닿지 않도록 한다.

승객이 서비스 Item을 떨어뜨렸을 때에는 먼저 동일한 새 서비스 Item을 제공하고, 떨어진 서비스 Item은 Towel(Cotton 또는 Paper)이나 Cocktail Napkin을 사용하여 집어올린 후 즉시 Galley로 가서 치운다.

글라스나 컵을 승객에게 건넬 때에는 위생상 잔의 하단 쪽 혹은 Stem 부분을 안정되게 잡고, 상위 클래스에서 Cold Beverage를 제공할 경우에는 Coaster를 받친다. Economy Class의 경우, 모든 음료 제공 시에는 Coaster 대신 Cocktail Napkin을 받쳐 제공한다. 그리고 뜨거운 음료를 제공할 시에는 승객 테이블에 놓아드리는 것을 원칙으로 한다.

Beverage는 잔의 7, 8부를 담아서 제공하나, Turbulence 시 혹은 어린이 승객 및 신체장애 승객에게 음료를 제공할 때는 컵의 1/2~2/3만 채워 제공하고, 잠시 후 더 드리겠다는 안내를 한 다음 잠시 후 같은 양으로 Refill한다. 잔에 Ice Cube를 넣을 때는 Ice Cube를 먼저 넣고 음료를 그 위에 따른다.

식음료서비스는 기종별로 정해진 진행방향대로 실시하며, 회수도 동일한 방향으로 한다.

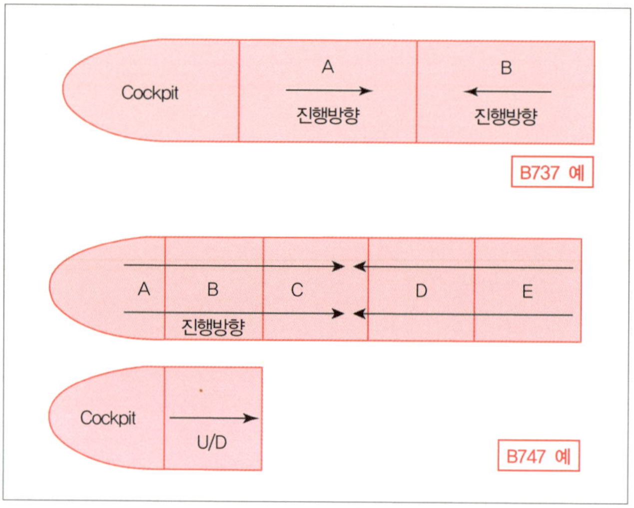

서비스 Flow의 예

③ 회수 시 서비스 매너

회수는 제공한 Flow와 동일한 Flow로 회수하는 것을 원칙으로 하되 승객이 요구할 때는 먼저 회수하며, 식사가 일찍 끝난 승객에게는 승객의 의향을 물어 먼저 회수한다.

그리고 식음료 회수 시에는 취식에 대한 승객의 만족도를 확인하고 반드시 회수 여부를 물어본 뒤 치워드린다. 통로측 승객부터 회수하며, 창측 승객이 먼저 끝난 경우엔 통로측 승객에게 양해를 구하고 회수하고, Meal Cart를 이용한 Tray 회수 시는 Cart 안쪽 상단부터 집어넣는다.

EY / CL에서는 Meal Cart 상단에 Paper Towel 등을 준비하여, 필요한 경우 승객 테이블을 닦아드린다.

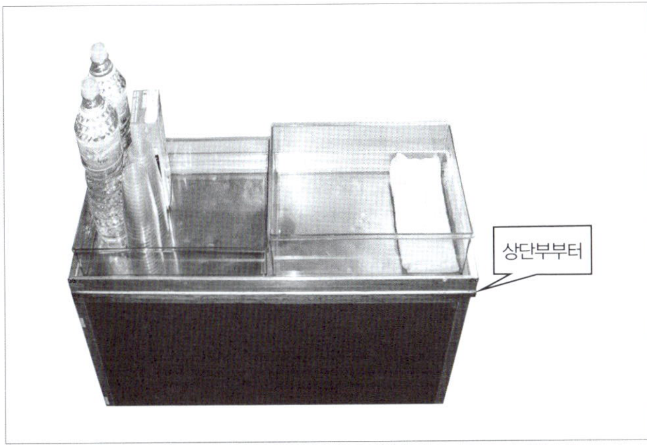

회수용 Cart 차림의 예

회수 시 Tray의 방향은 Aisle과 평행이 되도록 장축을 잡고, Tray를 Aisle쪽에 위치하여 회수한다. Tray 회수 시 회수한 Item은 몸의 가까운 쪽부터 놓는다. 특히 무거운 것이나 부피가 큰 것은 몸 쪽으로 놓는 것이 안전하다.

SECTION 2 객실 Food & Beverage의 이해

01 기내식의 일반적 이해

1) 기내식의 종류

기내식은 일반 Meal과 Special Meal로 구분되며 국내 항공사의 경우, 일반 Meal은 서양식을 근간으로 하여 승객의 다양한 욕구에 부응하기 위해 내국인 승객을 위한 한식 및 노선 특성을 살린 일본식, 중국식 등을 제공하며, 동남아 노선에서는 디저트로 아이스크림을 제공하기도 한다. 일반 Meal은 노선 및 서비스 시점에 따라 종류가 다르며, 다양한 메뉴 제공과 서비스 향상을 위해 주기별로 메뉴를 변경하여 서비스하고 있다.

국내선의 경우 비행시간이 1시간 미만으로 음료서비스만 제공하며, 국제선 단거리 노선에서는 시간관계상 데우거나 조리하지 않아도 되는 차가운 음식Cold Meal이 주로 서비스된다. 일반적으로 비행시간이 2시간 이상일 경우 따듯한 음식을 조리하여 제공하며, 식사의 종류는 Breakfast / Brunch / Lunch / Dinner / Supper / Light Meal 등으로 구분되며, 좌석 등급에 따라 서비스 내용과 방법이 다르다.

상위클래스는 기내식을 코스Course별로 제공하고, Economy Class에서는 Pre Set Tray 방식(한상차림)으로 제공한다.

2) 시간대별 식사 Type 및 약어

기내식	기내식 종류	약 어	서비스 시간대
아침식사	Breakfast	BRF	05:00 ~ 09:00
늦은 아침	Brunch	BRCH	09:00 ~ 11:00
점심식사	Lunch	LCH	11:00 ~ 14:00
저녁식사	Dinner	DNR	18:00 ~ 22:00
늦은 저녁	Supper	SPR	22:00 ~ 01:00
간식	Snack, Light Meal, Refreshment	SNX	기타 시간

(1) Breakfast

Breakfast는 계란요리, 햄, Bread, Yogurt, Tea & Coffee, 각종 주스 등으로 구성된 American Breakfast Menu가 주로 서비스되며, 국내 항공사에서는 내국인 승객을 위해 죽, 북엇국 등 다양한 한식 메뉴를 선보이고 있다.

① Breakfast 메뉴의 구성

- Continental Breakfast : 영국을 제외한 유럽식의 조식을 의미하며, 빵과 음료로만 이루어진 간단한 식사를 말한다.
  - Breakfast Roll : Croissant, Brioche 등
  - 음료 : Coffee, Tea, Milk, Juice
- American Breakfast
  - 미국에서 비롯된 아침 메뉴로, Continental Breakfast에 비해 가짓수가 많다. 과일주스로 시작하여 Cereal, Breakfast Roll, 혹은 Toast and Jam, Egg 요리, Coffee, Tea, Milk 등으로 구성되어 있다.

② Breakfast 메뉴의 종류와 특성

Breakfast의 Main Dish로 주로 Egg가 사용되며, Egg와 잘 어울리는 Mixed Grill과 Starch, Vegetable이 함께 곁들여진다.

- Mixed Grill : Ham, Bacon, Sausage, Minute Steak(작게 Cutting한 소형 Steak으로 빨리 조리할 수 있어서 'Minute'란 말이 붙여졌다.)
- Starch : Hash Brown(Potato), Sweet Potato
- Vegetable : Tomato, Mushroom, Green Pepper
- Egg Dish
  - Omelette
  - Scrambled Egg
  - Fried Egg
    - · Sunny Side Up : 한쪽만 익힌 것
    - · Over Easy : 양쪽 모두 살짝만 익힌 것
    - · Over Hard : 완전히 익힌 것
  - Poached Egg(수란) : 식초를 넣은 팔팔 끓는 물에 달걀을 넣고 4~5분 동안 삶아 건져낸 것이다.
  - Boiled Egg : 삶은 달걀은 익힌 정도에 따라 Soft Boiled-Medium Boiled-Hard Boiled Egg로 구분한다.

(2) Brunch

Breakfast와 Lunch의 중간 Type의 식사로, Breakfast와는 달리 와인이 서비스되며 주요리로 Beef, Fish, Poultry류 등도 서비스된다.

(3) Lunch

상위 Class에서는 Course별로 서비스되는 메뉴를 제공하며, 국내 항공사에서는 한식(비빔밥 등) 등을 주요리로 서비스하고 있다.

(4) Dinner

Lunch와 비슷하며 상위 Class에서는 Course별로 서비스되는 메뉴를 제공하

며 2nd Meal로 꼬리곰탕, 도가니탕 등도 선보이고 있다.

(5) Supper

Dinner와 비슷하나 늦은 시간대에 제공되는 식사인 만큼 Dinner보다는 간단하게 구성된 메뉴를 서비스한다.

(6) Snack, Light Meal

Snack은 Volume에 따라 Heavy SNX과 Light SNX으로 나뉘며, Heavy SNX은 거의 Dinner Course에 준하는 메뉴로 구성되기도 한다. Light Meal은 Light SNX과 비슷한 식단 구성으로 서비스되는 메뉴를 말한다.

(7) Refreshment

장거리 구간에 간단한 죽, 샌드위치 등 비교적 가볍게 즐길 수 있는 음식 등을 제공한다.

3) Special Meal

Special Meal이란, 비행 중 승객의 건강이나 기호 또는 종교 등의 이유로 일반 기내식을 취식하지 못하는 경우, 또는 축하를 위해 특별히 요청하는 식사를 말한다.

(1) 종교식

- Hindu MealHNML : No Beef : 비채식의 인도식 식사로 소고기, 송아지고기를 사용하지 않고 양고기, 가금류, 해산물과 생선류를 사용한다.
- Moslem MealMOML : No Pork : 알코올, 돼지고기, 햄, 베이컨, 젤라틴 또는 돼지고기 부산물이 포함된 식품을 사용하지 않은 식사로 소고기, 양고기, 가금

류 등은 '회교율법'에 따라 준비된 재료를 사용한다.

- Kosher MealKSML : 유대정교 신봉자의 식사로 율법에 따라 조리하고 기도를 올린 것으로, 돼지고기는 사용하지 않으며 소고기, 양고기 등도 기도를 올린 것에 한하여 쓰인다. 따라서 닭고기나 생선이 주가 되며 빵Bread 대신 맛초Matzo라는 건빵이 서비스된다. 식기는 한 번 사용한 것을 다시 씻어 재사용하는 것을 금지하므로 1회용 기물을 사용하며, 밀봉되어 있다.

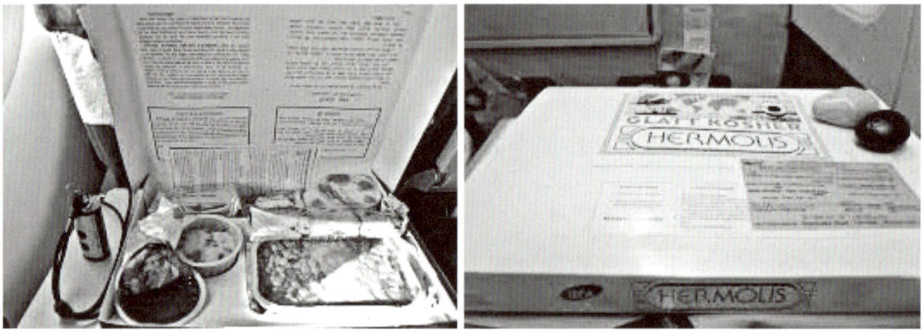

Kosher Meal 예

(2) 유아식 및 아동식

- 유아식Baby Meal : 24개월 미만의 유아에게는 이유식과 아기용 주스가 서비스된다.
- 유아용 아동식Infant Child Meal : 아동식 식사가 가능한 24개월 미만의 영유아에게 제공되며, 메뉴는 아동식Child Meal과 동일하다.
- 아동식Child Meal : 만2세~12세 미만의 아동에게 제공되며, 대한항공의 경우 한국 출발편에서는 스파게티, 햄버거, 오므라이스, 돈가스 가운데 선택할 수 있으며, 해외 출발편에서는 햄버거, 피자, 스파게티, 핫도그 가운데 선택할 수 있다. 특히 아동식의 경우는 해외 기내식 조달 형편이 상이하므로 한국 출발편과 동일한 식사가 주문되지 않을 수 있음을 안내할 필요가 있다.

(3) 야채식

- 서양채식Vegetarian Lacto-Ovo Meal : 생선류, 가금류를 포함한 모든 육류와 동물성지방, 젤라틴을 사용하지 않고, 달걀 및 유제품은 포함하는 서양식 채식을 말한다.
- 엄격한 서양채식Vegetarian Vegan Meal : 생선류, 가금류를 포함한 모든 육류와 동물성지방, 젤라틴뿐만 아니라 달걀 및 유제품을 사용하지 않는 엄격한 서양식 채식이다.
- 인도채식Vegetarian Hindu Meal : 생선류, 가금류를 포함한 모든 육류와 달걀을 사용하지 않고, 유제품은 포함하는 인도식 채식을 말한다.
- 엄격한 인도채식Vegetarian Jain Meal : 생선류, 가금류를 포함한 모든 육류와 달걀, 유제품을 포함하는 모든 동물성식품 및 양파, 마늘, 생강 등의 뿌리식품을 사용하지 않는 엄격한 인도식 채식이다.
- 동양채식Vegetarian Oriental Meal : 생선류, 가금류를 포함한 모든 육류와 달걀, 유제품을 사용하지 않고 양파, 마늘, 생강 등의 뿌리식품을 사용한 동양식 채식을 뜻한다.
- 생야채식Raw Vegetarian Meal : 카페인 함유음료, 보존료 / 첨가물, 가공식품을 포함하지 않고 순수 생야채, 생과일이 포함된 채식이 제공된다.

(4) 식사조절식

- 저지방식Low Fat Meal : 콜레스테롤함량이 높은 고지방 육류, 농축된 육수, 달걀노른자, 갑각류 등을 사용하지 않고, 저지방 육류, 저지방 생선 등의 식사가 제공된다.
- 당뇨식Diabetic Meal : 열량, 단백질, 지방, 당질의 섭취량을 조절하는 동시에, 식사량의 배분, 포화지방산의 섭취 제한 등을 고려한 식사를 말한다.
- 저열량식Low Calorie Meal : 체중조절을 목적으로 열량을 제한한 식사이다.

- 저자극식Bland Meal : 소화기능이 저하되어 있는 고객을 위한 식사. 강한 향신료, 가스를 유발할 수 있는 야채 및 기름기가 많은 음식을 제한하며, 저지방육류 및 흰살생선 등을 재료로 한 식사를 말한다.
- 글루텐 제한식Gluten Intolerant Meal : 식사재료 내의 글루텐 함유를 엄격히 제한한 식사가 제공된다.
- 저염식Low Salt Meal : 염분성분이 제한된 식사를 원하는 승객에게 제공된다.
- 유당제한식Low Lactose Meal : 유당을 함유하고 있는 모든 형태의 유제품(우유, 크림, 분유)을 엄격히 제한한 식사이다.

(5) 기타 특별식

- 해산물식Seafood Meal : 생선 및 해산물을 주재료로 하며 곡류, 야채류 및 과일류가 함께 제공된다.
- 과일식Fruit Platter Meal : 정규 기내식 대신 신선한 과일로만 구성된 식사이다.
- 알레르기식Allergy Meal : 특정 식재료에 대한 알레르기 반응이 있는 승객들에게 해당 식재료를 제외한 식사가 제공된다.(땅콩알레르기가 있는 승객은 예약 시 항공사 직원에게 알리고, 탑승 시 정해진 양식을 작성하는 등의 절차를 따라야 한다.)
- 기념케이크Anniversary Cake : 한국 출발편에서는 생일과 신혼여행을 위한 축하 케이크가 제공되며, 전 여정 중 1회 주문할 수 있다.

4) In Between Snack

In Between Snack이란, 장거리 노선에서 정규식사 서비스 외에 간식으로 제공하는 다양한 스낵을 말하며, 첫 번째 식사 서비스와 두 번째 식사 서비스 사이에 제공하며, 특히 영화상영, 휴식시간, 기내판매 등의 적정시점에 제공한다.

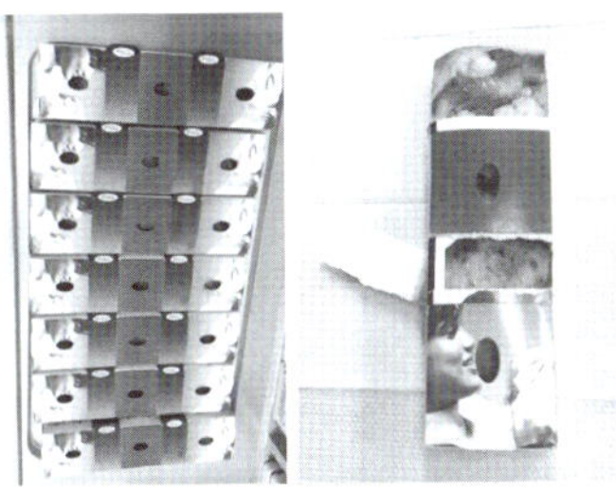

피자서비스의 예

삼각김밥과 스낵서비스의 예

02 기내음료의 이해

통칭 '음료'라 하는 것은 알코올을 함유한 음료와 비알코올 음료 모두를 포함하는 말이다. 인간의 신체 구성요소 중 70%가 물이며, 인간은 끊임없이 수분을 보충해야 생명을 유지할 수 있다는 사실만으로도 물과 인간의 상관관계가 얼마나 밀접한지 알 수 있다.

옛날 사람들은 순수한 물만 마시고 살았을 것이다. 문명의 발달로 인하여 점점 여러 가지 음료수를 만들게 되었고, 각자 나름대로 다양한 음료를 찾게 되었다. 이러한 음료들은 나라별로 특색 있게 발전되었고, 또한 이를 마시는 습관 또한 다르게 형성되어, 각자의 독특한 음료문화를 가지게 되었다.

1) 서양 음료문화의 특징

(1) 음식과의 주종관계

서양 음식문화에서 음료는 어떤 역할을 하는가? 서양의 음료문화의 특징 중 한 가지는, 전통적으로 음료는 음식을 더욱 맛있게 먹기 위하여 마신다는 것이다. 예를 들어, 술을 마시기 위해 안주를 먹는 우리나라의 경우와 비교하면 정반대가 된다고 할 수 있다. 말하자면, 서양에서는 '음식이 주가 되고 술은 종'이

되는 반면에, 우리나라는 '술이 주가 되고 음식은 종'이 되는 문화라고 할 수 있다.

음식이 주가 되는 서양에서는 음식을 더욱 맛있게 먹기 위해 음료의 종류가 다르게 선택된다. 한 가지 예로, 음식의 종류 또한 각양각색이므로 식사와 함께 하는 와인만 해도 종류가 천차만별이고, 또한 음식과 어울리는 와인을 고르기 위해 까다로운 선택을 한다.

(2) 음식과의 조화

서양의 음료문화는 식사 순서에 따라 식전에는 식욕을 돋우기 위한 가벼운 음료를 마시고, 식사 중에는 음식의 맛을 더욱 즐기기 위한 음료를 마시며, 식사 후에는 소화를 돕는 음료를 마시는 등 식사와 음료가 유기적으로 결합되어 있다. 서양의 음료를 이해하기 위해서는 무엇보다도 이러한 음료 문화의 차이를 올바르게 인식하는 것에서부터 출발하는 것이 바람직할 것이다.

2) 비알코올성 음료의 종류와 특징

비알코올성 음료란, 알코올이 함유되어 있지 않은 비알코올성 음료를 말하며, 분류기준은 여러 가지가 있을 수 있으나 다음과 같이 분류하는 것이 보편적이다.

(1) 청량음료Soft Drink

청량음료란, 알코올 성분이 없으며 상쾌한 맛을 지닌 음료로 탄산음료와 비탄산음료로 구분한다.

- 탄산음료 : 코크Coke, 스프라이트Sprite, 소다워터Soda Water, 진저에일Ginger Ale, 토닉워터Tonic Water, 다이어트 코크Diet Coke 등

Mixer류

칵테일에 주로 사용되는 소다워터(Soda Water), 진저에일(Ginger Ale), 토닉워터(Tonic Water)는 Mixer류로 분리하기도 한다.

- 비탄산음료 : 광천수Mineral Water

(2) 영양음료Nutritious

인체에 필요한 여러 가지 영양분을 공급해 주는 천연과즙이나 유제품을 말하며, 주스류와 밀크류가 있다.

(3) 기호음료Fancy Taste

기호음료는 카페인Caffeine을 함유한 음료로써 영양가보다는 그 깊은 맛으로 인하여 생활의 멋과 삶의 여유를 갖게 하는 현대인의 음료이다.

① 커피Coffee

커피는 쓴맛, 단맛, 떫은맛, 신맛 등이 조화되어 미묘한 쾌감을 주는 기호음료로서 카페인Caffeine, 탄닌Tanin 등의 성분으로 구성되어 있으며, 그 중 카페인은 장의 활동에 지극을 주어 식사의 마지막에 마시는 음료로 적합하다.

커피의 종류는 다음과 같다.

- Brew Coffee
- Instant Coffee
- Decaffeinated Coffee
- Espresso Coffee와 Espresso Coffee를 이용한 각종 Variation Coffee

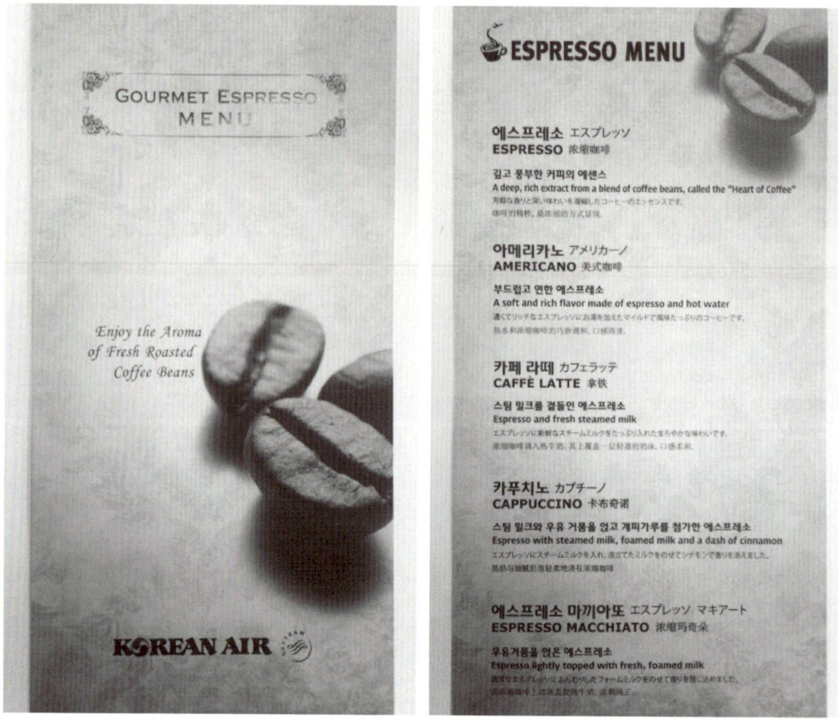

대한항공 Espresso Menu

[참조] Espresso Coffee를 이용한 각종 Variation Coffee 제조법

품 목	제조방법	서비스 잔의 종류
Espresso	Espresso Coffee	Espresso Cup
Cappuccino	Espresso Coffee + Steam Milk(Cup의 1/2) + 우유거품(Cup의 1/2) + 계핏가루	Regular Cup
Americano	Espresso Coffee + Hot Water	Regular Cup
Caffe Latte	Espresso Coffee + Steam Milk(Cup의 8부)	Regular Cup
Caffe Mocha	Choco Syrup(1Ts) + Espresso Coffee + Steam Milk(Cup의 8부) + Whipping Cream + Choco Syrup * Mocha는 Choco가 함유되었다는 의미	Regular Cup
Vienna Coffee	설탕 + Espresso Coffee + Whipping Cream * Coffee를 젓지 말고 그대로 마신다.	Regular Cup
Espresso Macchiato	Espresso Coffee + 우유거품	Espresso Cup
Espresso Romano	Espresso Coffee + Lemon Peel * Lemon Slice를 이용 Cup 가장자리에 Lemon 즙을 묻히고 Lemon Peel을 띄운다.	Espresso Cup
Baileys Coffee	Baileys(1Ts) + Espresso Coffee	Espresso Cup
Ice Coffee	Ice Cube(3~4개) + Espresso Coffee + Cold Water(Glass의 8부까지)	Tumbler Glass

② 차Tea

차나무의 어린잎을 따서 가공한 제품이나 음료 자체를 말하는 것으로, 중국에서는 'CHA', 우리나라는 '차', 영어로는 'Tea'라 한다. 그윽한 맛으로 삶의 여유를 더하는 것 외에도 노화방지, 항암효과의 효능을 가진 것으로 알려져 있다. 차는 모두 차나무에서 나오지만, 차 잎의 발효 정도에 따라 홍차, 우롱차, 녹차로 나누어진다.

차의 종류는 다음과 같다.

- 홍차Black Tea : 차 잎을 발효시킨 후 건조시켜 까맣게 만든 차
- 우롱차(청차) : 차 잎을 반만 발효시킨 것으로, 잎은 부분적으로 갈색 또는 녹색을 띠는 차
- 녹차Green Tea : 발효되지 않은 것으로 잎이 녹색 그대로이며 끓이면 색깔이 아주 엷게 되는 차

3) 알코올성 음료의 종류와 특징

알코올 음료란, 알코올을 함유한 음료를 말하며 우리가 '술'이라고 부르는 종류들이 모두 포함되고, 곡물의 녹말이나 과일의 당분을 발효시켜 만든 가장 오래된 역사를 지닌 '양조주(맥주, 와인, 청주)', 양조주를 증류하여 알코올 농도를 진하게 만든 '증류주(브랜디, 위스키)', 증류주에 다른 종류의 술을 혼합하거나 약초, 식물의 뿌리, 열매, 과즙, 색소, 향 등을 첨가하여 만든 '혼성주(캄파리, 리큐어)'가 있다.

① 알코올이란 무엇인가?

알코올은 화학적으로 여러 가지가 있을 수 있으나, 일반적으로 우리가 잘 알고 있는 것은 메틸Methyl알코올과 에틸Ethyl알코올이 있다. 메틸알코올은 독성이

있는 것으로 공업용이며, 우리가 마시는 술에 들어가 있는 알코올은 에틸알코올이다. 이 에틸알코올도 미생물의 발효에 의해 얻어지는 것만 술에 사용되도록 법으로 규정되어 있다.

② 양조주 제조과정

- 당화Saccharification : 술을 제조하는 기본 요건으로는 당분이 꼭 필요하며 쌀, 보리 등 녹말질을 함유한 원료를 사용할 때는 녹말질을 당분으로 분해시키는 과정을 거쳐야 한다.
- 알코올 발효 : 당분이 미생물효모, 즉 Yeast의 작용으로 알코올과 탄산가스로 변하는 과정이며, 곧 술이 만들어지는 과정이다. 와인Wine, 맥주Beer 등의 모든 양조주는 이러한 알코올 발효의 과정을 거쳐 만들어진다.

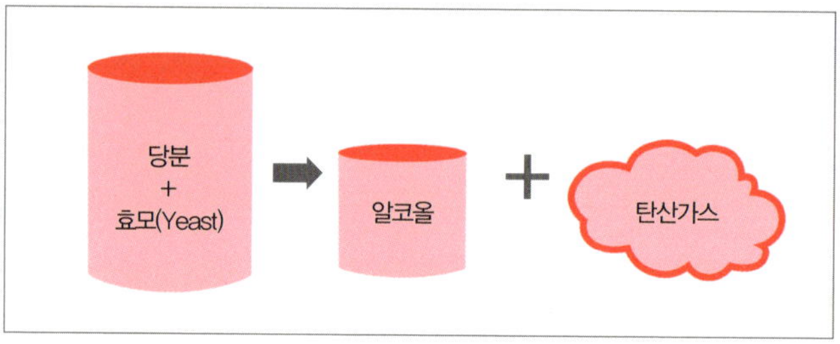

양조주 제조과정

③ 증류주 제조과정

증류주 제조는 '양조주 제조 → 증류 → 기체 냉각'을 통해 이루어진다.

- 양조주 제조 : 증류주를 얻기 위해 양조주를 먼저 제조한다.
- 증류 : 양조주를 끓이면 알코올 성분이 먼저 끓어(78℃) 증발하게 되는데, 물은 증발시키지 않고 알코올 성분만 증발시켜 고농도의 알코올을 얻어내는 이 과정을 '증류Distillation'라고 한다.

- 기체 냉각 : 증류에 의해 증발하는 기체 상태의 알코올을 냉각시켜 액체 상태로 만드는 과정이며, 이렇게 해서 고농도의 알코올 성분인 증류주가 만들어진다.
  예) 와인을 증류하여 브랜디를 만들고, 곡물을 발효시킨 양조주를 증류하여 위스키와 보드카를 만들 수 있다.

④ 술의 농도 표시

술에 들어 있는 알코올 함유량을 '술의 농도'라고 하며, 이를 표시하는 방법은 나라마다 다르나 통상 다음과 같은 종류로 사용된다. 간혹 기내에서 서비스하고 있는 와인이나 알코올음료의 도수를 묻는 승객들이 있다. 이럴 경우 술의 농도 표시를 확인하면 정확한 답변을 할 수 있다.

- 도(度) : 우리나라에서 사용하는 방법으로 술 100mℓ에 들어있는 알코올의 양을 농도로 표시한다. 즉 30도라고 하면 술 100mℓ에 30mℓ의 알코올이 함유되어 있다는 것을 의미한다.
- % : '도'와 같은 의미로 30도 = 30%이다.
- PROOF : 우리가 사용하는 도(度) 농도에 약 2배 정도를 곱한 수치이다. 즉 80PROOF는 약 40도를 의미한다.

(1) 맥주Beer

맥주는 알코올 농도가 4~6도로 낮으며 탄산가스의 청량감으로 인해 대중적인 인기를 얻고 있는 맥주는 탄수화물, 단백질, 비타민, 미네랄 등 많은 영양분을 함유하고 있어 서양에서는 '액체빵'이라고 하여 일종의 식량으로 생각해왔다.

맥주의 역사

맥주에 대한 가장 오래된 기록은 BC 3000년경의 것으로, 메소포타미아의 점토판에 맥주를 만드는 방법이 기록되어 있다. 또한 고대 이집트에서도 피라미드를 건설할 때 맥주와 마늘을 공급했다는 이야기가 전해져 온다. 이처럼 맥주는 오래 전부터 인간이 즐겼던 음료이다.

① 맥주제조 원료

맥주는 양조주이며 맥주제조 시 중요한 것은 다음과 같은 요소들이 있다.

- 물 : 맥주제조 중 물이 85% 이상의 비중을 차지하며, 맥주의 품질에 큰 영향을 미치는 것이 물이다. 물은 맑고 무색무취해야 하며, 알칼리의 농도는 50% 이하여야 한다. 유명한 맥주지역인 체코의 필젠Pilsen, 독일의 뮌헨München 지방은 특별히 맥주제조에 알맞은 물이 나온다.
- 맥아Barley Malt : 말 그대로 보리에 싹이 튼 것을 Barley Malt이며, 이 싹이 튼 보리는 왕성한 당화효소가 많아 녹말질 원료를 쉽게 분해시켜 당분으로 변화시킨다.
- 호프Hop : 호프는 뽕나무과의 암수가 다른 덩굴성 식물의 꽃으로, 맥주의 원료로 사용하는 호프는 암그루의 핀 꽃이 발육된 것이다. 호프는 맥주 특유의 향기와 쓴맛을 갖게 해주며, 잡균의 번식을 방지해 저장성을 높여준다.

맥아와 호프

② 맥주의 종류

맥주는 물과 맥아Barley Malt, 호프Hop를 원료로 만들어지며, 제조방법에 따라 나라별로 다양한 종류의 맥주가 생산되고 있다. 이 중 발효 효모의 종류에 따라 '하면발효', '상면발효' 맥주로 구분할 수 있으며 한국, 일본, 미국 등 대부분 보편적으로 널리 음용되는 맥주가 '하면발효' 맥주이다.

- 하면발효 맥주Bottom Fermentation Beer : 세계 맥주 생산량의 대부분을 차지하며 저온에서 발효시킨 맥주를 말한다. '사카로마이세스칼스베르겐시스'라는 효모를 이용하여 발효시키며, 이 효모는 5~10도에서 발효되며 발효 중 맥주 밑바닥으로 가라앉는 성질이 있다. 하면발효 맥주는 톡 쏘는 청량감과 깔끔한 맛이 특징이다.
  - 라거Lager Beer : 제조 후 저온 살균하여 효모의 활동을 중지시킨 후 병이나 캔에 넣어 오랜 기간 저장할 수 있도록 한 맥주이다.
  - 필젠Type Beer : 체코의 대표적 맥주인 필젠은 담백하고 산뜻한 맛과 쓴맛이 강한 맥주이다.
  - 뮌헨Type Beer : 맥아의 향기가 짙은 대표적인 흑맥주이다.

- 상면발효 맥주Top Fermentation Beer : 상면발효 맥주란, 고온에서 발효시킨 맥주를 말한다. '사카로마이세스세레비지에'라는 효모를 이용하여 발효시키는 맥주로 15~25도 상온에서 발효되며, 발효 중 탄산가스와 함께 발효액의 표면에 뜨는 성질이 있어 상면발효 맥주라고 한다. 상면발효 맥주는 향이 풍부하고 쓴맛이 강하다.
  - 드래프트Draft Beer : 살균하지 않은 생맥주이기 때문에 신선한 풍미가 살아있지만 저온에서 운반, 저장해야 하고 빨리 소비해야 하는 맥주이다.
  - 스타우트Staut Beer : 맥아를 태워 사용하여 색깔이 매우 진하고 강한 맥아향을 지닌 알코올 함량(8~11도)이 높은 흑맥주이다.

- 에일Ale Beer : Lager Beer보다 호프Hop와의 접촉시간을 길게 하고, 호프 사용량도 1.5~2배 가량 많이 하여 호프 냄새가 강하고 쓴맛이 나는 맥주이다.

- 그 밖의 맥주
  - Light Beer : 알코올 농도가 낮은 저알코올 맥주와 당도가 낮은 저칼로리 맥주를 의미한다.
  - Super Dry Beer : 보통 맥주가 4도인데 비해, 알코올 도수가 5도의 단맛이 거의 없는 담백한 맥주로, 일본의 아사히맥주가 처음 시판하였다.
  - Draft Beer : 살균하지 않은 생맥주이기 때문에 신선한 풍미가 살아있지만 저온에서 운반, 저장해야 하고 빨리 소비해야 하는 맥주이다.

③ 맥주 음용 시 주의할 점

- 섭씨 6~8도로 차게 해서 마신다 : 맥주는 탄산가스의 청량감을 즐길 수 있도록 차게 마시나 너무 차게 하면 맛을 제대로 느낄 수 없고, 온도가 너무 높으면 맥주의 탄산가스가 모두 증발해버리고 거품이 너무 많게 되므로 적당히 차게 해서 마셔야 한다.
- 거품과 함께 마신다 : 맥주의 생명은 거품으로, 거품은 탄산가스의 유출을 방지하며 계속 신선한 맛을 유지시켜 주는 역할을 한다. 따라서 맥주는 거품과 함께 마시는 것이 좋다.

(2) 위스키Whiskey

① 위스키 특성

- 대표적인 증류주이다 : 위스키Whiskey는 곡물을 발효시킨 양조주를 증류하여 만든다.
- 오크통Oak Barrel 속에서 숙성을 거치는 술이다 : 위스키Whiskey는 반드시 오크

통 숙성을 거쳐야 하며, 숙성기간 중 나무통의 성분이 우러나와 술은 호박색Amber이 되고 향미가 좋아진다.

- 생산지별로 고유의 풍미와 특성이 있다 : 위스키Whiskey는 생산지에 따라 각각 독특한 맛과 향의 개성을 가지고 있어, 각 나라별로 여러 가지 형태의 위스키가 만들어지고 있다.

② 위스키 종류

- Scotch Whiskey
  - 스코틀랜드에서 제조되는 위스키로 위스키의 대명사로 불리며, 세계적으로 가장 인기 있는 위스키이다.
  - Malt : 말트Malt는 맥아를 이용해 만들고, 맥아 건조 시 사용하는 피트Peat로 인해서 강한 연기냄새가 나는 것이 특징이다. Glenfiddich가 있다.
  - Peat : 피트Peat는 스코틀랜드 초원에 퍼져있는 풀인 히스Heath가 습지대에 퇴적되어 반 탄화된 것으로, 무연탄에 비해 열량이 낮다. 연소 시 강한 자극성 연기를 내며, 연료로서는 적합하지 않으나 스카치위스키Scotch Whiskey의 풍미에 가장 중요한 영향을 미치고 있다.

Peat

- Blended : 블렌디드Blended는 Malt Whiskey와 Grain Whiskey를 혼합하여 마시기 좋게 한 것으로, 우리가 대부분 마시는 Scotch Whiskey 대부분이 Blended Whiskey이다. Chivas Regal, Johnnie Walker Blue 등이 있다.

○ American Whiskey

- 미국에서 생산되는 Whiskey의 총칭이나, 옥수수를 주원료로 사용하는 Bourbon Whiskey가 유명하다.
- Bourbon Whiskey 등이 있다.
- 켄터키주 Bourbon 지방에서 옥수수를 원료로 하여 만든 것이 시작이며, 옥수수 함량이 51% 이상인 것만을 의미하나 American Whiskey의 대명사로 불린다. Old Grand Dad, Jim Beam 등이 있다.

○ Canadian Whiskey

- Canadian Whiskey의 맛은 부드러움에 있다. 주원료는 향미가 강한 호밀Rye로 만든 위스키와 깨끗한 맛의 옥수수로 만든 위스키를 섞어 특유의 부드럽고 경쾌한 위스키를 만들고 있다. Canadian Club이 있다.

③ 위스키 즐기는 법

- Straight : 위스키 자체의 강한 개성을 즐기기 위해 Straight로 많이 마시며, Straight로 마실 때 가장 애호되는 종류가 Malt Whiskey로 위스키 특유의 풍미를 만끽할 수 있다.
- On the Rocks : 위스키는 얼음만 넣어 On the Rock으로 마시기도 하며, 이때 주로 Blended Whiskey가 이용된다.
- Cocktail : Cocktail의 Base로 사용되며, 종류로는 Manhattan, Whiskey Sour, Bourbon Coke 등이 있다.

(3) 브랜디Brandy

사과, 포도 등 과일의 발효액Wine을 증류시킨 것으로, 포도 브랜디, 사과 브랜디 등으로 부를 수 있다. 그러나 일반적으로 '브랜디'라 하면 사과 브랜디를 말한다.

① 브랜디의 명산지

브랜디Brandy는 와인이 생산되는 곳이면 어디서나 만들 수 있으며 프랑스, 이탈리아 그리고 스페인 등이 유명하다. 이 중 와인과 마찬가지로 프랑스산이 대표적이다.

- 코냑Cognac : 엄밀히 말하면 프랑스 코냑 지방에서 생산되는 브랜디만을 코냑이라고 명칭을 할 수 있다.
- 아르마냑Armagnac : 프랑스 아르마냑 지방에서 생산되는 브랜디를 말한다.
- 칼바도스Calvados : 프랑스 북부 노르망디에 있는 칼바도스 지역의 특산물인 사과로 만든 브랜디를 말한다.

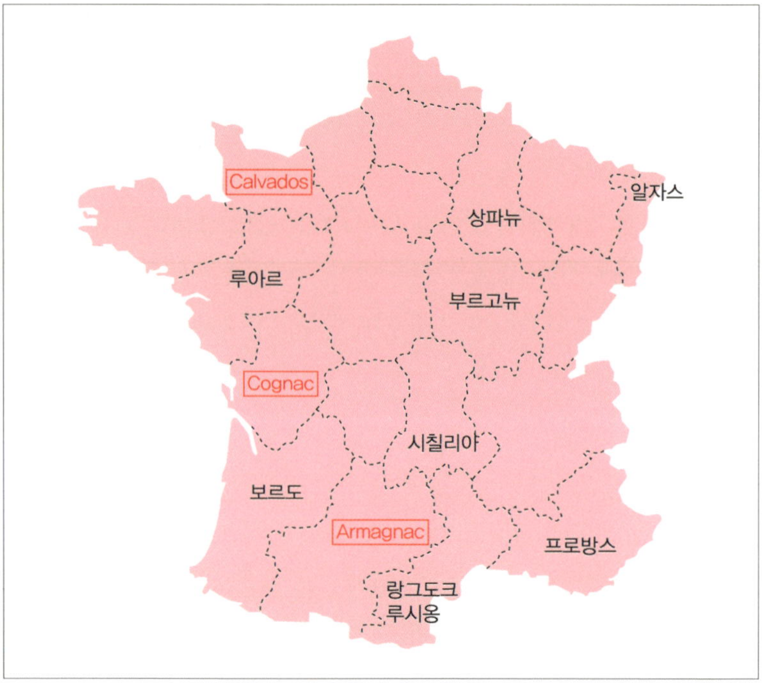

프랑스 브랜디 명산지

② 브랜디 라벨Label

브랜디는 라벨Label을 통해 숙성기간을 알 수 있으며, 그 표기는 다음과 같다.

숙성기간 표시방법

- ★★★ : 3년
- V.O(Very Old) : 3~5년
- V.S.O(Very Superior Old) : 12~15년
- V.S.O.P(Very Superior Old Pale) : 15~20년
- X.O(Extra Old) : 30~50년
- NAPOLEON : 숙성기간의 의미보다는 '특제품'의 의미가 크며, 자사제품 중 자신 있는 최상의 제품에만 붙인다.

(4) 진Gin

증류주인 동시에 혼성주인 진Gin은 증류주에 주니퍼베리Juniper Berry, 노간주나무 열매의 향미를 추출, 혼합하여 제조된다. 처음에는 이뇨효과가 있다고 밝혀진 주니퍼베리를 알코올에 넣고 증류하여 약용으로 판매하였으나, 그 산뜻한 냄새로 인하여 술로써 애용하게 되었다. 런던 드라이 진London Dry Gin이 가장 유명하다.

런던 드라이 진

노간주나무 열매

(5) 보드카Vodka

증류주인 보드카는 러시아와 폴란드에서 발달된 술로써 귀족들이 즐겨 마셨으며 캐비아Caviar, 연어Salmon 등과 함께 식전주로도 즐겨 마셨다. 옥수수, 밀, 보리 그리고 감자를 발효시켜 높은 알코올 농도로 증류시킨 후 목탄층에 통과

시켜서 알코올에 있는 냄새를 완전히 제거하여 무색무취한 보드카를 만들어 낸다. 무색투명하고 냄새도 없는 특성 때문에 칵테일의 재료로 널리 사용된다.

(6) 럼Rum

럼은 사탕수수에서 얻은 당밀을 원료로 하여 만든 증류주로, 사탕수수 산지인 중앙아메리카의 서인도제도에서 많이 생산하고 있다. 밝은 색이 나며 향미가 약한 것부터, 짙은 색이 나며 코를 찌르는 듯한 강한 향미를 가진 것까지 종류가 다양하다. 또한 럼은 특유의 향미를 가지고 있어 스트레이트Straight로 많이 마시며, 칵테일 재료로도 널리 쓰인다.

(7) 캄파리Campari

캄파리는 비터즈Bitters의 일종으로, 비터즈의 주된 특징은 쓴맛이 난다는 것이다. 캄파리는 세계적으로 이탈리아가 가장 유명한데, 와인에 쓴 오렌지껍질, 코리안더Coriander, 미나리과 식물 등을 혼합하여 만든다고 알려져 있으나, 'David Campari' 회사를 제외하고는 아무도 비법을 모른다고 한다. 캄파리는 쓴맛과 향기로 인하여 식전주로 주로 마시며, Campari & Soda 등의 칵테일 Base로 사용된다.

캄파리　　캄파리 & 소다

(8) 리큐어Liqueur

리큐어는 혼성주의 일종으로, 증류주를 서로 섞거나 재증류하고 여러 가지 약초, 식물의 뿌리, 꽃, 씨앗 등을 용해하여 향미가 나도록 한 것이다. 다른 증류주와는 달리 단맛을 가지고 있는 것이 특징이며, 코디알Cordial이라고도 한다.

(9) 칵테일Cocktail

두 가지 이상의 술을 섞거나 또는 부재료를 혼합하여 마시는 알코올음료로, 알코올 도수가 낮아 식욕을 촉진시켜 주므로 식전주로 적합하며 맛, 향기, 색채의 조화로 분위기를 창출하는 예술품이라고 할 수 있다.

① 칵테일의 기본요소

- Base : Cocktail의 기본이 되는 리큐어Liquor를 말한다.
- Mixer : Cocktail의 Base와 섞이는 음료로서 Soda Water, Ginger Ale, Tonic Water 등을 주로 사용한다.
- Garnish : Cocktail의 맛을 더하거나 돋보이게 하기 위해 장식하는 것으로 Lemon, Orange, Olive, Cherry, Pineapple 등을 사용한다.

② 대표적인 칵테일

- Vodka Base : 블러디 메리Bloody Mary : 보드카와 토마토주스를 섞고 기호에 따라 타바스코 소스, 소금, 후추, 우스터셔 소스Worcestershire sauce 등을 조금씩 첨가한 후 Lemon Slice로 장식한다. 기내에서는 서비스 편의를 위해 Bloody Mary Mixer가 탑재되므로, Vodka와 얼음을 넣어 간단히 제조할 수 있다.
- Whiskey Base : Manhattan : Bourbon Whiskey를 Base로 하며, Sweet Vermouth를 넣고 체리로 장식한다.
- Gin Base : Martini : Gin을 Base로 Dry Vermouth를 섞고, Olive로 장식한다.
- Wine Base : Kir : Crème de Cassis를 먼저 넣고 White Wine을 채운다.

③ 칵테일 제조 시 유의사항

칵테일은 항상 차갑게 4~6도 정도로 서비스하며, On the Rocks는 2oz 정도, Straight는 1oz 정도가 적당한 양이다. Straight로 만들 때는 입가심 음료Chaser를 함께 준비하며, Mixer가 발포성인 경우, 너무 많이 젓지 않는다. 가능한 Garnish를 이용하여 장식의 효과를 주며, Garnish는 마르지 않은 것을 사용한다.

얼음을 넣은 칵테일은 Muddler를 같이 준비한다. 얼음을 사용할 경우, 깨끗하고 단단한 것을 사용하며, 설탕이 들어가는 칵테일은 충분히 저어 녹인 후 얼음을 넣어야 제맛을 살릴 수 있다.

칵테일 제조방법

칵테일 Base에 따라 다음과 같은 종류가 있으며, 얼음과 함께 제조하는 칵테일은 Tumbler Glass(T)에 준비하며, 얼음 없이 제조하는 칵테일은 종류에 따라 Wine Glass(W) 혹은 Champagne Glass(C)에 담아 서비스한다.

Whisky를 Base로 제조한 Cocktail

칵테일 종류	잔의 종류	얼음 필요 여부	BASE	MIXER	제조법
Scotch Soda	T	○	Scotch Whisky 1oz	Soda Water	잘 저어준다.
Whisky Sour	W	×	Blended Whisky 1oz	Lemon / J 0.3oz	설탕 1Tea Spoon을 넣고 잘 저은 후 얼음을 넣고 차게 하여 W/G에 Strain(얼음만 남기고 액체류를 따라내는 것)한다 * Garnish : Lemon / S & Cherry
Bourbon Coke	T	○	Bourbon Whiskey 1oz	Coke	잘 저어준다.

용어표기 설명 : T(Tumbler), W(Wine Glass), C(Champagne Glass), J(Juice)

Gin을 Base로 제조한 Cocktail

칵테일 종류	잔의 종류	얼음 필요 여부	BASE	MIXER	제조법
Gin Tonic	T	○	Gin 1oz	Tonic Water	Stir * Garnish : Lemon / S
Gin Fizz	T	○	Gin 1oz	Lemon / J 0.3oz Soda Water	설탕 1Teaspoon을 넣고 잘 저은 후 얼음을 넣고 차게 하여 Strain 한 다음 소다수를 채운다. * Garnish : Lemon / S
Martini	T	○	Gin 1.5oz	Dry Vermouth 0.7oz	Dry로 주문할 경우 Gin의 양을 늘리고, Straight로 주문할 때는 Strain 하여 W/G에 준비한다. * Garnish : Olive
	W	×			

Vodka Base Cocktail

칵테일 종류	잔의 종류	얼음 필요 여부	BASE	MIXER	제조법
Vodka Tonic	T	○	Vodka 1oz	Tonic Water	Stir
Bloody Mary	T	○	Vodka 1oz	Tomato / J	Worcestershire Sauce와 Hot Sauce 2~3방울, Salt, Pepper를 첨가하여 Stir한다. * Garnish : Lemon / S
Screw Driver	T	○	Vodka 1oz	Orange / J	Stir

Wine을 Base로 제조한 Cocktail

NAME	GLS	ICE	BASE	MIXER	MIXING
Kir	W	×	White Wine	Crème de Cassis	Cream de Cassis와 White Wine을 1:8의 비율로 채운다.

Champagne을 Base로 제조한 Cocktail

NAME	GLS	ICE	BASE	MIXER	MIXING
Mimosa	C/W	X	샴페인 1oz	Orange / J Cointreau	Can Orange / J와 샴페인을 3:7의 비율로 채운 후 Cointreau를 1t / S 넣어 충분히 젓는다. * Garnish : Orange / S
Kir Royal	C/W	X	샴페인	Cream de Cassis	Cream de Cassis와 샴페인을 1:8의 비율로 채운다.

대한항공 A380 Celestial Bar에서 서비스되는 칵테일 Menu

(10) 와인

① 와인의 특성

- 천연 발효주 : 와인은 넓은 의미로 과일의 천연주스Juice를 발효시킨 발효주를 의미하는데, 일반적으로 포도로 만든 것을 말하며 병입Bottling 후에도 발효가 계속되는 술로서 '생명이 있는 술'이라고 불린다.
- 알칼리성 건강음료 : 알칼리성 음료로서 산성식품을 중화시키는 역할을 하여 산성식품인 육식을 주로 하는 서양인들에게 매우 중요하다.
- 포도 수확연도에 따라 향취와 맛의 차이 : 각각의 와인은 서로 다른 독특한 개성을 가지고 있어 사람들에게 더욱 사랑을 받는 술이다.
- 요리와 조화를 이루는 식중주로 적합 : 알코올 도수가 낮아(10도 전 · 후) 식사와 가장 잘 어울리는 술이다.

② 와인 색깔에 따른 종류

- 레드 와인Red Wine : 적포도의 껍질에서 색소를 착색시켜 만드는 것으로 적포도의 껍질, 알맹이, 씨 등을 모두 포함한 상태로 발효시킨 후 씨와 껍질을 분리한다.
- 화이트 와인White Wine : 청포도나 적포도를 사용하며 착색이 되지 않도록 껍질을 제거한 후 과즙만을 발효시켜 만든다.
- 로제 와인Rose, Pink Wine : 처음에는 레드 와인과 마찬가지로 적포도의 껍질과 함께 발효시켜 껍질에서 색소가 적당히 착색Pink Color되었을 때 껍질을 분리하여 만든다.

③ 와인 맛에 따른 분류

- Dry Wine : 양조 시 당분이 남아있지 않도록 완전히 발효시켜 만든 와인이다.
- Sweet Wine : 양조 시 당분이 적당히 남아있을 때 발효를 중지시켜 만든다.

④ 와인 제조 방법에 따른 분류

- Still WineTable Wine : 발효 시 발생되는 탄산가스를 제거시켜 만드는 비발포성 와인으로 보통 식탁에 올려지는 일반 와인을 말한다.
- 발포성 와인Sparkling Wine : 발효 시 발생하는 탄산가스를 그대로 함유시킨 것으로 보통 Champagne이라 한다.
- 강화 와인Fortified Wine : 와인 제조과정에 Brandy 등을 첨가하여 알코올 도수를 높인 것으로 스페인의 Sherry Wine, 포르투갈의 Port Wine 등이 있다.
- 방향 와인Aromatized Wine : 독특한 향신료, 약초 등을 첨가하여 향미를 좋게 한 것으로 프랑스의 Dry Vermouth, 이탈리아의 Sweet Vermouth 등이 있다.

⑤ 프랑스 와인 명산지

- 보르도Bordeaux : 와인의 명산지인 보르도는 기후와 토양 조건이 포도재배에 완벽하고 항구를 끼고 있어 와인 제조와 판매에 좋은 조건을 가지고 있다. 세계에서 가장 유명한 레드 와인Red Wine의 생산지로 유명하여 레드 와인의 여왕이라고 불린다. 특히 고급와인인 샤또 와인Chateau Wine이 유명하다.
- 부르고뉴Bourgogne : 보르도 지방과 함께 프랑스 와인의 대표적 명산지로, 영어권에서는 버건디Burgundy라고 부르기도 한다. Red Bordeaux가 선홍색으로 여성적인데 반하여, Red Bourgogne는 암홍색으로 남성적이라고 표현한다. 또한 부르고뉴의 샤블리Chablis 지방은 화이트 와인White Wine이 매우 유명하며, 연한 황록색으로 향이 좋고 Dry한 맛의 와인이다.
- 샹파뉴Champagne : 프랑스 동북부 지역의 샹파뉴 지방은 발포성 와인Sparkling Wine인 샴페인Champagne의 생산지로 유명하다.
- 알자스Alsace : Dry한 화이트 와인의 생산지로 유명한 알자스 지역은 독일과 국경을 맞대고 있으며, 알자스 와인은 입안 가득히 짙게 깔리는 꽃내음의 과일향과 담백하고 깨끗한 맛으로 유명하다.

⑥ 와인 용어

- 샤또 와인Chateau Wine : Chateau는 원래 성곽이나 대저택을 의미하지만 와인과 관련해서는 특정한 포도 양조장을 뜻한다. Chateau 와인은 레벨에 표기된 포도 양조장에서 포도를 재배, 제조, 포장까지 이루어진 최고급 와인이다.
- 와인 브리딩Wine Breathing : Breathing은 와인병을 미리 오픈하여 공기 접촉을 통해 와인 맛을 부드럽게 해주는 과정이다. 레드 와인Red Wine은 최소한 30분에서 2시간 전에 오픈하여 Breathing시키며, 화이트 와인White Wine은 레드 와인에 비해 숙성기간이 짧으므로 10~30분 전에 오픈하여 Breathing시킨다.
- 와인 디캔팅Wine Decanting : 와인 디캔팅을 위해 투명한 재질로 만든 유리병을 Wine Decanter라고 하며, Wine Decanting이란 침전물을 분리하기 위해 별도의 투명한 유리병에 와인을 옮기는 것을 말한다. 이 과정에서는 공기와의 접촉을 빨리 유도하며 Breathing도 함께 시킬 수 있다.

- 와인 글라스Wine Glass : 와인 고유의 개성을 살리고 제맛을 음미하기 위해 와인의 종류에 따라 다양한 형태의 글라스를 이용하나, 일반적으로 와인 글라스는 투명한 재질로 되어 있어 와인의 색채를 즐길 수 있어야 하며, 원형 Type으로 되어 있어 고유의 와인향을 즐길 수 있도록 한다. 또한 Stem이 있는 잔으로 손의 체온전이를 방지할 수 있다.

- 와인 리넨Wine Linen : 와인 리넨으로 와인병을 감싸 손의 체온이 전달되는 것을 막으며, 이때 리넨이 와인 레벨을 가리지 않도록 주의하여야 한다. 차게 한 와인병의 물방울과 Wine Pouring 시 흐르는 와인액을 처리하는데 사용되며, 청결한 Wine Linen은 고급스럽고 품위 있는 분위기를 연출해 준다.
- 와인 시음Wine Tasting : 와인을 마시기 전 와인의 색, 향, 맛을 시음하는 절차를 와인 시음Wine Tasting이라고 하며, 시음의 내용은 다음과 같다.
  - 빛깔과 투명도Appearance : 잘 숙성된 화이트 와인은 투명한 호박색을, 잘 숙성된 레드 와인은 영롱한 루비색을 띤다. 따라서 Wine Tasting을 할 때는 와인의 색을 감상할 수 있도록 깨끗하고 투명한 글라스를 사용한다.
  - 향기Aroma : 와인은 포도 자체에서 나오는 고유의 아로마Aroma와 오랜 숙성 기간 동안 빚어진 오묘한 부케Bouquet향이 어우러져 은은한 향기가 난다. 따라서 와인글라스도 이러한 향을 즐길 수 있는 깊은 원형잔을 사용한다.
  - 맛Taste : 화이트 와인의 경우 단맛과 신맛이 나며, 레드 와인은 떫은맛과 단맛, 신맛 등이 함께 조화를 이루어 깊은 감칠맛이 나야 한다.
  - Tasting 권유 요령
    · 선택한 와인의 라벨Label을 보여드린다.
    · 글라스Glass의 1/3까지 따라 시음을 유도한다.
    · 만족 여부를 확인 후 글라스의 2/3까지 따른다.

- 보졸레누보 와인Beaujolais Nouveau Wine : 부르고뉴의 보졸레Beaujolais 지역에서 생산되는 와인으로, 그 해 수확한 '햇술'이라는 의미로, 늦여름 수확한 포도를 이용하여 생산하며 매해 11월 셋째 주 목요일에 출시된다.
- 와인 라벨Wine Label의 이해
  - CHÂTEAU : 주로 Bordeaux Wine 라벨에만 사용하며 포도밭을 가진 와인 양조장을 의미한다.
  - MIS EN BOUTEILLE AU CHÂTEAU(미장부떼이으 오 샤또) : CHÂTEAU에서 와인을 직접 병에 담았음을 의미한다.
  - PREMIÉR GRAND CRU CLASSÉS : Premiér Grand Cru Classés(프리미에 그랑 크뤼클라세)는 산지등급을 말한다.

Premiér Grand Cru Classés

나폴레옹3세가 프랑스 와인산지인 보르도지역 안에서 Médoc 지역에서 거래되는 와인가격과 명성에 따라서 61개의 샤또를 특급와인으로 선정하여 그랑크뤼클라쎄(Grand Cru Classés)라는 등급으로 지칭하게 되었다. 이때 정해진 61개 샤또와인은 다시 5가지로 등급이 나뉘게 되었다.
즉 특1등급인 그랑 크뤼클라쎄(Grand Cru Classés) 등급의 샤또는 다시 Premiers Crus(프리미에크뤼 : 1등급), Deuxiemes Crus(두지엠크뤼 : 2등급), Troisiemes Crus(트루와지엠크뤼 : 3등급), Quatrimes Crus(카트리엠크뤼 : 4등급), Cinquiemes Crus(생키엠크뤼 : 5등급)으로 나누어진다.
일등급 와인에는 프리미에 그랑 크뤼(Premiér Grand Cru Classés)라는 문구가 기재되며, 2~5등급에는 등급표기 없이 그냥 그랑 크뤼클라쎄(Grand Cru Classés)로 표기한다. 따라서 Premiér Grand Cru Classés 와인은 Médoc 지역의 1등급 와인임을 표시하는 것이다.

Médoc은 Haut Médoc과 Médoc으로 나뉘며 6개 지역으로 구분된다.

- Saint Estephe(쌩에스테프)
- Pauillac(포이약)
- Saint Julien(쌩줄리앙)
- Listrac(리스트락)
- Moulis(물리)
- Margaux(마고)

프랑스 와인산지

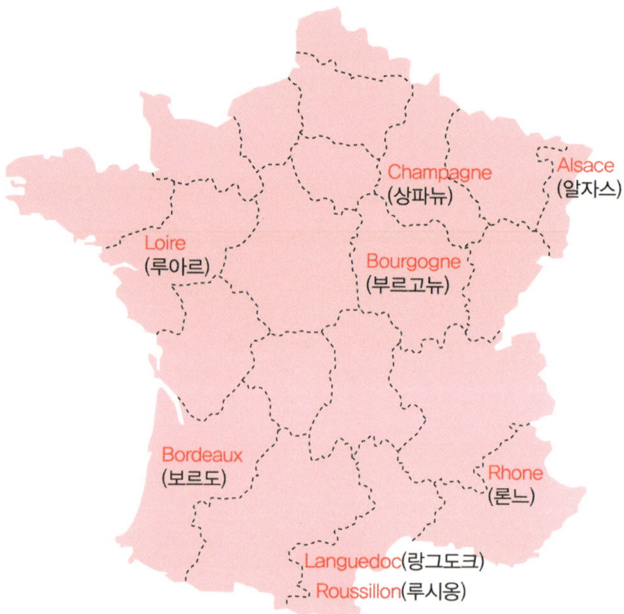

보르도 와인산지

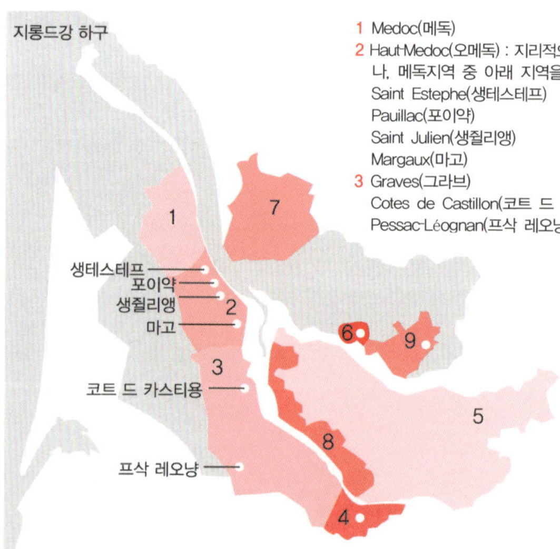

1 Medoc(메독)
2 Haut-Medoc(오메독) : 지리적으로 크게 보면 메독지역에 포함되나, 메독지역 중 아래 지역을 오메독으로 구분한다.
Saint Estephe(생테스테프)
Pauillac(포이약)
Saint Julien(생쥘리앵)
Margaux(마고)
3 Graves(그라브)
Cotes de Castillon(코트 드 카스티용)
Pessac-Léognan(프삭 레오냥)

4 Sauternes(쏘테른)
5 Entre-Deux-Mers(앙트르 되 메르)
6 Fronsac & Canon Fronsac(후롱싹, 카농프롱삭)
7 Côtes de Blaye(코트 드 블라이)
8 Premieres Côtes de Bordeaux(프리미에르 코트 드 보르도)
9 Saint-Émilion(생테밀리옹)

- VINTAGE : 빈티지Vintage란, 포도의 수확년도를 말하며 와인의 라벨에 표시되어 있다. 풍작으로 질 좋은 포도가 생산된 해는 우수한 품질의 와인이 생산된다. 빈티지는 와인 전문가의 테스트를 통하여 등급이 매겨진다.

와인 빈티지 차트 Vintage Chart

Vintage Chart의 예

- A.O.CAppélation D'Origin Contrôlée : 아펠라시옹 도리진 콩트롤레 : 프랑스 와인 중 최고급에 속하는 와인에만 붙여지는 와인 등급용어이다. '원산지 명칭의 통제'라고 해석할 수 있으며 포도의 재배장소, 품종, 단위당 수확량의 제한, 그리고 재배방법과 알코올 농도까지 최소한의 규정을 정하고 통제를 통해 고급 와인의 품질을 관리하고 있음을 의미한다.

* Origin(원산지)이 작은 단위일수록 고급와인이다.

Wine Label 읽는 법

⑦ 와인 즐기는 법

- 보관방법 : 와인은 병입 후에도 변화가 계속되는 술로 보관방법에 따라 와인의 가치가 달라지므로 보관에 유의하여야 한다.
  - 빛, 높은 온도, 진동을 피한다 : 와인의 산화를 촉진하는 요소는 햇빛을 포함한 강한 광선, 높거나 변화가 심한 온도, 그리고 심한 진동이다. 따라서 장기간 보관할 경우 셀러Cellar라는 어둡고 서늘하며 조용한 지하창고에 저장하는 것이 좋으며, 요즘에는 대중화되고 있는 와인 냉장고를 활용하기도 한다.
  - 눕혀 보관한다 : 와인은 공기와 접촉할 경우 점점 산화하여 부패하므로 코르크 마개가 마르지 않고 촉촉하게 젖어 있도록 와인병을 눕혀 보관한다.

- 마실 때의 온도 : 와인은 독특한 풍미를 가지고 있으므로 그것을 잘 살려주는 온도에서 보다 좋은 와인의 맛을 느낄 수 있다.
  - 화이트 와인White Wine과 로제 와인Rose Wine : 6~12도 정도로 조금 차게 마시는 것이 좋으며 Sweet한 와인은 더 차갑게 하는 것이 좋다. 그러나 너무 차갑게 되면 혀가 마비되어 제맛을 느낄 수 없으므로 유의하여야 한다.
  - 레드 와인Red Wine : 차지 않게 실온(15~20도)으로 마시는 것이 좋으며, 보졸레누보 와인Beaujolais Nouveau Wine은 부르고뉴 지방에서 생산되는 레드 와인이지만 숙성시키지 않은 Young Wine으로 약간 차게 해서 마신다.

- 음식과의 조화
  - 서양식에서 와인의 역할 : 와인의 알코올 성분은 위를 적당히 자극하여 식욕을 촉진시키며, 육류가 주류를 이루는 서양식에서 와인의 맛은 음식의 지방분을 없애주고 혀를 긴장시켜 신선한 맛을 되찾아준다.
  - 와인과 요리의 조화 : 일반적으로 Red Meat류는 Red Wine과 굴이나 생선, White Meat류와 White Wine이 잘 어울린다.
    - 서양식 코스별 식사가 Light-Heavy-Light 또는 Dry Sweet로 진행되는 특성에 따라 와인도 함께 조화를 이루도록 감안해야 한다.
    - 따라서 일반적으로 White Wine에서 Red Wine으로, Dry에서 Sweet Wine으로, 엷은 맛Light Body에서 짙은 맛Full Body으로, 숙성이 덜 된 와인에서 오래된 와인 순으로 즐기는 것이 좋다.
  - 와인과 어울리지 않는 음식
    - Vinegar를 사용하는 드레싱Dressing을 곁들인 샐러드
    - 파인애플, 오렌지, 레몬 등 산이 포함된 과일
    - 고등어와 같이 기름기가 많은 생선
    - 계란이 많이 들어간 요리 : 노른자의 황Sulfur 성분은 와인의 향을 느낄 수 없다.

(11) 샴페인Champagne

① 샴페인의 특성

천연 발포성 와인 중 프랑스 샹파뉴Champagne 지방에서 생산되는 제품만을 의미한다. Sweet한 것에서부터 Dry한 것까지 여러 가지 맛이 있으며, 어떤 음식과도 잘 어울리고 제조과정이 까다로워 값이 비싸다.

② 샴페인 마실 때의 온도

화이트 와인보다 더 차갑게 하여 마시며, 너무 차면 맛과 향을 느낄 수 없으므로 6~8도 정도가 마시기 가장 적당한 온도이다. 샴페인병이 두꺼우므로 마시기 20~30분 전쯤 물과 얼음을 넣은 버킷Bucket에 넣어 Chilling하는 것이 좋다.

③ 샴페인 오픈요령

샴페인Champagne은 가스를 함유하고 있어 병을 오픈할 때는 주의하여야 하며, 먼저 한 손가락으로 코르크를 누르면서 마개를 덮고 있는 금박을 제거하고, 한 손가락으로 코르크를 누르면서 묶여진 철사Wire Net를 푼다. 마지막으로, 한 손으로 병을 꼭 잡고, 다른 한 손으로 코르크를 감싸면서 소리가 나지 않도록 천천히 돌려 오픈한다.

Wine List의 예(계속)

WHITE WINE

켄달 잭슨 그랜드 리저브 샤르도네 2013

2013년은 캘리포니아 지역의 풍부한 일조량으로 인하여 잘 익은 최고급 품질의 샤르도네 포도가 수확된 해입니다. 켄달 잭슨 그랜드 리저브 2013은 이러한 최고급 품질의 포도를 생산하는 캘리포니아 연안 지역 포도밭에서 수확된 샤르도네 포도로 만든 최고급 와인입니다. 여러 포도밭에서 수확한 포도를 프랑스산 오크통에서 각각 9개월간 숙성 시킨 뒤 켄달 잭슨 고유의 블렌딩 비법으로 부드러우면서도 풍부한 향을 간직한 와인이 탄생되었습니다. 이 와인은 푸아그라, 해물 요리 및 블루 치즈에 잘 어울립니다.

★ 미주, 대양주, 중동 노선에 서비스 됩니다.

Kendall-Jackson Grand Reserve Chardonnay 2013

Kendall-Jackson 2013 Grand Reserve is assemblage of 100% Chardonnay from the top California coastal vineyards.
Each vineyard lot's product has been fermented separately in French oak barrels to fully develop for 9 months. Then, this Grand Reserve was assembled.
The result is an opulent wine with aromas of tropical fruits, citrus, pear, vanilla and roasted hazelnut. Its texture is full-bodied yet silky.
It is a perfect accompaniment for foie gras, seafood and blue cheese.

★ Available on Trans-Pacific, Oceania and the Middle East flights

만츠 헤렌버그 리즐링 100 2015

독일 라인 헤센 지방의 정통 화이트 와인이며, 다양한 과일 향기로 매우 신선하고 부드러운 느낌을 줍니다.
만츠 헤렌버그 리즐링 100 2015는 알코올이 13%로 약간의 단맛과 진한 점도, 그리고 입안에 오랫동안 남아 있는 감미로운 뒷맛이 특징입니다. 해산물 요리와 같이 드시거나 식사 후에 즐기시면 이 와인만의 독특한 맛을 느끼실 수 있습니다.

★ 프랑크푸르트, 취리히, 비엔나, 암스테르담, 프라하 노선에 서비스 됩니다.

Manz Herrenberg *** Riesling 100 2015

It is a classical German wine from the best vineyards on the Rheinhessen, with tender bouquet, numerous fruit flavours.
The high alcohol level (13%) is well included in the wine and gives it some sweetness and viscosity, good mouth feeling and long aftertaste.
Excellent with seafood and white meat, it will bring a perfect harmony to a luscious meal or afterwards.

★ Available on Frankfurt, Zurich, Vienna, Amsterdam and Prague flights

Wine List의 예(계속)

WHITE WINE

알베르 비쇼 샤블리 프레미에 크뤼 2013

짜릿하고 상쾌한 드라이 화이트 와인 산지로서 널리 알려진 프랑스 샤블리 지방에서 수확한 잘 익은 샤르도네 포도로 만든 알베르 비쇼사의 샤블리 2013년산 와인은 황금 빛깔과 누구도 흉내 낼 수 없는 풍부하고 강한 꽃향과 과일향이 어우러져 한입 가득한 감미로운 맛을 즐기실 수 있습니다. 특히 푸아그라, 생선 요리에 잘 어울리는 와인입니다.

★ 일본을 제외한 전 노선에 서비스 됩니다.

Albert Bichot Chablis Premier Cru 2013

The wine the world knows as Chablis comes from the northern part of Burgundy, made exclusively from the chardonnay grape.
Albert Bichot's Chablis 2013 has a yellow golden color, and a fine and powerful aroma of flowers and fruits. Full and flavorfully charming, it's the ideal accompaniment for foie gras, fish and white meat.

★ Available on all flights except Japan

맘부르그 게뷔르츠트라미너 2015

프랑스 동북쪽, 독일과 국경을 이룬 알사스 지역의 기름진 토양에서 재배된 게뷔르츠트라미너라는 포도 품종으로 생산된 와인으로 잘 익은 과일향과 미디엄 드라이한 맛이 식전주, 치즈, 디저트 등과 잘 어울립니다.
게뷔르츠란 독일어로 향신료를 의미하며, 이름 그대로 독특한 향기의 와인입니다.

★ 프랑크푸르트, 취리히, 비엔나, 암스테르담, 프라하 노선을 제외한 유럽 및 동남아, 중국 노선에 서비스 됩니다.

Mambourg Gewurztraminer 2015

Low yields resulted in a ripe, well-structured Gewurztraminer Grand Cru Mambourg with layers of ripe fruits, medium to full-body, and a heady long finish.
This is a top-notch Gewurztraminer which goes well with aperitifs, cheeses and desserts.

★ Available on Southeast Asia, China and all Europe flights except Frankfurt, Zurich, Vienna, Amsterdam and Prague

Wine List의 예(계속)

RED WINE

스페리 아마로네 2011

스페리 아마로네 2011은 이태리를 대표하는 아마로네 와인 명가인 스페리 가문이 베네토 주의 발포리첼라 지역에서 생산한 특급 와인입니다.
이 와인은 석회석이 섞인 점토질 토양에서 재배된 세 종류의 포도를 수확한 뒤, 로마시대 와인 생산 방법을 답습하여 건조실에서 4개월간 포도를 말려 양조하였습니다. 와인 숙성은 오크통에서 3년, 그리고 병에 담아 1년간 진행되었습니다. 짙은 루비색에 농익은 과일향과 향신료향이 절묘하게 조화를 이루며, 진하면서 고급스러운 맛이 도드라져 파스타에서부터 육류 요리까지 모든 음식에 잘 어울리는 와인입니다.

★ 취리히, 비엔나, 암스테르담, 프라하, 이태리 노선에 서비스 됩니다.

Speri Amarone Vigneto Monte Saint Urbano 2011

Speri Amarone 2011 is produced in the Valpolicella district of Veneto by the Speri family, who owns the company that produces the best quality Amarone wine in Italy. The vineyard has calcareous, clayey soil on a hillside and is planted with 70% Corvina, 25% of Rondinella and 5% of Corvinone. Amarone is the product of a wine-making method of the Ancient Romans involving grape drying for 120 days before fermentation. The grapes lose 40% of their original weight and highly concentrated sugars.
This wine is aged in oak casks for a period of 36 months and bottle-aged for 12 months.
With a bright, intense ruby red color, a prominent aroma of ripe fruits, sweet and bitter cherries, and hints of plums tinged with spices, this full-bodied wine can be served with a range of dishes from pasta to meat.

★ Available on Zurich, Vienna, Amsterdam, Prague and Italy flights

알베르 비쇼 본 – 로마네 2014

본 – 로마네 마을은 버건디의 다른 지역과는 비교할 수 없는 독특한 지형과 풍부한 일조량으로 레드 와인 품종인 삐노 누아르 포도 재배에 최적의 조건을 갖추고 있는 곳입니다.
본 – 로마네 2014 와인은 갈색을 띤 석회석 토양에서 재배된 최상급 삐노 누아르 포도만으로 제조되었습니다. 이 와인은 평균 수령 20년 이상 된 포도나무에서 수확된 포도를 사용하였으며 오크통에서 20개월 동안 숙성시켰습니다. 짙은 붉은색에 그윽한 과일 향과 향신료 향이 잘 조화를 이루고 있는 이 와인은 긴 여운을 선사할 것입니다. 이 와인은 모든 종류의 육류 요리나 치즈와 매우 좋은 조화를 이룹니다.

★ 취리히, 비엔나, 암스테르담, 프라하, 이태리 노선을 제외한 유럽 및 동남아, 중국 노선에 서비스 됩니다.

Albert Bichot Vosne-Romanée 2014

With a privileged location and plenty of sunshine, the village of Vosne-Romanée produces Pinot Noir red wine which is considered to be one of the best Cote de Nuits wines. Vosne-Romanée 2014 is made from the 100% Pinot Noir grown on the brown calcareous soils on limestone that brings a perfect natural drainage. This wine is produced from the vines of 20 years old in average and aged in oak barrels 20 months following the harvest. This wine has a very deep ruby color and carries aroma of small fruit and spice. Its taste is rich and structured on the plate, well balanced with a long finish. This wine is a perfect accompaniment for your meat entrée and cheese.

★ Available on Southeast Asia, China and Europe flight except Zurich, Vienna, Amsterdam, Prague and Italy

Wine List의 예(계속)

RED WINE

샤토 드 테르트르 2007

보르도 지방 마고 마을에서 최고급 와인으로 알려진 샤토 드 테르트르는 오랜 역사를 가진 포도밭에서 생산 되었으며 포도밭이 1855년 그랑 크뤼 클라세급으로 선정 됨에 따라 19세기에 들어 세계적으로 명성을 얻게 되었습니다
이 와인은 최상의 품질을 생산 하기 위해 52 헥타르의 우수한 토양에서 자란 포도나무에서 수확한 까베르네 소비뇽, 메를로, 까베르네 프랑을 사용하여 제조하였으며 오크통에서 18개월간 숙성 시켰습니다. 강렬하고 깊은 색감과 딸기와 라즈베리향이 부드럽게 어우러져 풍부한 과일 향이 오랫동안 느껴지는 고급 와인으로 주요리와 각종 치즈에 잘 어울립니다.

★ 전 노선에 서비스 됩니다.

Chateau du Tertre 2007

Chateau du Tertre is an excellent wine from the Margaux in Bordeaux with over 1,000 years of history. During the 19th Century, the Chateau du Tertre wines rose to worldwide fame, especially thanks to the 1855 classification, which established the Chateau as a Margaux Grand Cru Classe.
The vineyard of Chateau du Tertre has 52 hectares of gravel and glaciated sand based soil. It is planted with Cabernet Sauvignon, Merlot and Cabernet Franc. Wine is aged in oak barrels for 18months following the harvest for premium quality. Chateau du Tertre is characterized by its intense and deep colored, soft and well balanced in the mouth and plenty of delicious fruit with strawberry and raspberry. This elegant wine with a long finish is a perfect accompaniment to your main course and cheese.

★ Available on all flights

고스트 블록 나파 밸리 까베르네 소비뇽 2013

캘리포니아의 나인스 본디드 와이너리가 나파 밸리에서 생산한 특급 와인 고스트 블록 나파 밸리 2013은 포도밭 옆에 있는 초기 개척자들의 묘지에 경의를 표하기 위하여 지은 이름입니다.
이 와인은 유기농으로 재배한 까베르네 소비뇽 포도로 양조하였으며 오크통에서 24개월간 숙성시켰습니다. 발랄한 장미 꽃잎과 붉은 과일향이 오랫동안 느껴지는 이 와인은 육류, 치즈를 비롯한 다양한 음식에 잘 어울립니다.

★ 미주, 중동 노선에 서비스 됩니다.

Ghost Block Napa Valley Cabernet Sauvignon 2013

Ghost Block Napa Valley 2013 is produced by the 9th Bonded Winery in Napa Valley established in 1877. This wine is named in honor of the historic Pioneer Cemetery for which it borders.
The best quality of Cabernet Sauvignon grapes cultivated by organic management techniques have been chosen to make great quality wine aged in French oak barrels for 24 months. Bright floral aromas or rose petals and spices with notes of red fruits, this wine with a lasting finish can be served with your main course and cheese.

★ Available on Trans-Pacific and Middle East flights

Wine List의 예

03 서양식 메뉴의 이해

서양식은 한상차림인 우리나라 식문화와 매우 대조적으로 시간대별로 짜여진 메뉴가 코스Course별로 식사의 흐름에 따라 타이밍에 맞추어 제공된다는 점이다. 또한 서양식 구성에 따라 다음과 같이 구분된다.

- Table d'hôte(따블르도뜨 : 정식 메뉴)
  - Full Course 메뉴로 한 끼 분으로 구성되어 있으며, 일정한 순서대로 미리 정해져 있는 식단을 의미한다.
  - Table d'hôte는 hôte가 영어의 Host를 뜻한다. 따라서 '주인의 식탁'이라는 의미로 코스별로 잘 차려진 식단을 말한다.

따블르도트 메뉴의 예(계속)

저녁 식사

* 한식을 드실 분들은 한식정찬 안내지를 참고 하시기 바랍니다.

식전주 서비스

그레이프프루트 젤리를 곁들인 게살 완자와 구운 새우

푸아그라 테린

수프

노란 피망 퓨레 수프
(양식 주요리를 드시는 분께 서비스 됩니다.)

샐러드

제철의 각종 야채 모둠에 발사믹 드레싱, 된장 드레싱 또는
사우전드 아일랜드 드레싱을 선택 하실 수 있습니다.

주요리

마데이라 소스의 ***제동한우** 등심 스테이크에 삶은 감자,
프로방스 풍의 토마토를 함께 서비스 합니다.

비트 소스의 해산물 요리에 사프란향 리소니 파스타,
아스파라거스와 각종 어린 잎을 함께 서비스 합니다.

엄선된 각종 치즈

숌, 까래 드 래스트, 셍뜨 모르 드 뚜렌느

신선한 계절 과일

디저트

라즈베리 화이트 초콜릿 무스 케이크와 아이스크림

각종 빵

감자호밀빵, 포카치아, 바게트빵, 막걸리 흑미 쌀빵

커피 / 홍차 / 녹차 / 오미자차

따블르도트 메뉴의 예(계속)

Dinner

* If you would like to have Korean menu, please refer to Hansik jeongchan guide for detail.

Pre-Drink Starter

Seared shrimp with crabmeat on grapefruit jelly and yam

Foie-gras terrine served with fig compote

Soup

Yellow bell pepper puree soup
(offered with western main course)

Salad

Seasonal garden greens served with a choice of balsamic dressing, soy bean paste dressing or thousand island dressing

Main Course

Seared ***Jedong Beef** rib-eye steak with madeira sauce served with boiled potato and roasted tomato provencal style

Mixed seafood with beet emulsion served with saffron risoni, asparagus and mixed baby leaves

Cheese Tray

Chaumes, Carré de l'est, Sainte Maure de Touraine

Seasonal Fresh Fruit

Dessert

Raspberry white chocolate mousse cake with ice cream

Bread Selection

Potato rye roll, focaccia bread, mini baguette,
Korean 'Makgeolli' black rice roll

Coffee / Tea / Green Tea / Omija Punch

따블르도트 메뉴의 예

한식정찬(韓食正餐)

Korean cuisine HANSIK JEONGCHAN

한정식 메뉴의 예(계속)

한식정찬(韓食正餐)

해물 가지초회
가지와 해물에 매실드레싱을 곁들여 만든 전채

작은 삼계탕
인삼과 닭을 주 재료로 하여 만든 건강식 삼계탕

샐러드

채끝 등심구이
배즙과 각종 재료로 양념한 채끝 등심구이에 양배추와 케일을
곁들여 서비스 합니다.

***주요리로 양념 채끝 등심구이 대신 비빔밥을 선택하여 드실 수 있습니다.**

민어 전유어찜
민어 전유어를 쇠고기 육수에 쪄서 피로회복과 고혈압에 좋은 미나리,
은행을 곁들여 서비스 합니다.

반찬
열무 된장무침, 머위나물, 오이지, 우엉 들깨무침,
메추리알 쇠고기 장조림

호박잎 우렁 된장국
비타민이 풍부한 호박잎과 고단백 저지방 식품인
우렁을 넣고 끓인 된장국

신선한 계절 과일

단호박 양갱
미네랄과 비타민이 풍부한 단호박을 사용하여 만든 양갱

한정식 메뉴의 예(계속)

HANSIK JEONGCHAN

Cold Seafood and Eggplant with Plum Dressing
Cold seafood and eggplant appetizer with plum dressing.

Ginseng Chicken Soup
Healthy Korean-style ginseng and chicken soup.

Salad

Grilled Beef Striploin
Beef striploin marinated in pear juice and various spices, served with cabbage and kale.
***You can select bibimbap instead of grilled beef striploin.**

Braised Croaker
Thin fillets of brown croaker fish, pan-fried in egg batter, steamed over beef stock, and served with water dropwort and ginkgo.

Side Dishes

Young radish leaves with soybean sauce, Seasoned butterbur,
Cucumber pickles, Burdock with wild sesame sauce,
Beef and quail eggs boiled in soy sauce.

Soybean Soup with Snails and Pumpkin Leaves
Soybean paste soup made with freshwater snails and pumpkin leaves.

Seasonal Fresh Fruit

Sweet Pumpkin Jelly
Jelly dessert infused with sweet pumpkin rich in vitamins and minerals.

한정식 메뉴의 예

- À La Carte(알 라 까르뜨 : 일품요리 메뉴)
  - 각 코스별 다양한 메뉴 중에서 식성대로 한 가지씩 자유로이 선택하여 먹을 수 있는 차림표를 의미한다.
  - Carte는 프랑스에서 메뉴를 뜻하며 À La Carte는 'According to the Menu'의 의미이다. 따라서 메뉴에 따라 선택하여 취식하는 일품요리를 말한다.

1) 서양식 디너Dinner 메뉴의 이해

서양요리의 코스별 구성은 전채요리Hors D'oeuvre, Appetizer, 수프Soup, 샐러드Salad, 앙트레Entrée, 디저트Dessert의 순서로 제공된다.

(1) 전채요리Hors D'oeuvre

Hors D'oeuvre에서 Hors는 '밖의'의 뜻이 있으며, Oeuvre는 '작품'의 뜻이 있다. 따라서 작품 밖의 것, 즉 본 식사 전에 입맛을 돋게 하기 위해 먹는 음식인 전채요리를 의미한다. 불어로 오르되브르Hors D'oeuvre : 작품의 밖의 것이라는 뜻으로, 본 식사 전의 '전채'를 의미함, 영어로는 애피타이저Appetizer라고 한다. 요리 전에 식욕을 돋우기 위해 먹는 가벼운 요리를 말하며, 중국에서는 첸차이(前菜)라고 한다. 대표적인 서양식 전채요리로는 다음과 같은 종류가 있다.

일반적인 전채요리의 예 : 참치와 조개관자

① 캐비아Caviar

철갑상어의 알로써 오르되브르 메뉴 중 가장 대표적이며 최고급 음식으로 꼽힌다. 단백질, 비타민 등 몸에 좋은 영양소를 많이 함유하고 있으며, 소화도 잘되고 콜레스테롤을 전혀 만들어 내지 않는 100% 완전 흡수식품으로도 유명하다. 캐비아는 항상 섭씨 0~2도 정도로 보관하여야 하며, 얼음으로 차게 한 러시아 보드카나 샴페인을 곁들이면 좋다.

② 푸아그라Foie Gras

거위의 간을 살짝 익힌 요리로, 캐비아와 함께 오르되브르 중 최고급 요리에 속한다. 맛이 부드럽고 풍미가 강하며 고단백 영양식품으로 유명하고, 식용버섯의 일종인 송로버섯Truffle과 매우 잘 어울린다.

③ 카나페Canape

얇고 작게 자른 빵조각 위에 여러 가지 재료(캐비아, 푸아그라, 햄, 치즈 등)를 얹어서 만든 요리로, 손으로 먹어도 무방하여 아페리티프Apéritif, 식전주와 매우 잘 어울리는 전채요리이다.

세계 3대 진미

Caviar, Foie Gras, Truffle은 자체의 풍미와 희귀성, 영양적인 면에서 세계 3대 진미로 꼽히고 있다. 다음은 트러플과 트러플의 채취 모습이다.

(2) 수프Soup

주요리 전에 제공되며 식욕을 돋우고 뒤따르는 음식의 소화를 돕는 역할을 한다. 수프의 종류를 크게 나누면 다음과 같다.

Thick Soup의 예 : Pumpkin Soup

- Clear SoupConsommé, 콩소메 : 맑고 투명하여 코냑색이 나는 것이 특징이며, 주재료나 곁들임에 따라 French Onion Soup, Beef Consomme 등 다양한 종류가 있다.
- Thick SoupPotage, 포타주 : 걸쭉한 수프로 모두 전분이 함유되어 있는 것이 특징이며, Cream Soup, Puree Soup, Chowder Soup 등 다양한 종류가 있다.

(3) 빵Bread

Dinner에서 빵Bread은 주로 Soup Course에 이어 제공되며 배를 채우는 개념이 아니다. Bread는 약 알칼리성으로, 각 Course별로 제공되는 음식 고유의 맛을 즐길 수 있도록 혀에 남은 맛을 씻어주는 역할을 하므로 Course 사이에 조금씩 먹도록 해야 한다. 따라서 Bread는 통상 Dessert Course까지 리필Refill한다.

빵의 종류

빵의 명칭	빵의 특성	빵의 명칭	빵의 특성
Chinese Bread 	중국 북방지역에서 주식으로 이용하며 밀가루 반죽에 식용유와 소금을 넣어 만든 것으로 꽃빵이라 부른다.	Grissini 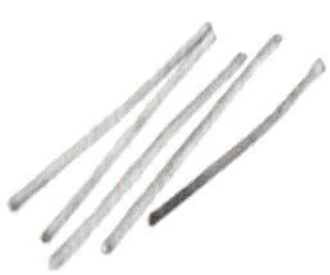	대표적인 Stick Bread로 향신료가 많이 첨가된 이탈리아 빵이다. 수분함량이 적고 딱딱하며, 고소하고 짭짤한 맛이 난다. 나폴레옹이 즐겨 먹었다 하여 '나폴레옹의 지팡이'라는 별칭이 있다.
English Muffin 	영국에서 아침식사로 먹는 달지 않은 빵이다. 수분이 많고 일반 머핀보다 쫄깃하다.	Herb Focaccia 	밀가루반죽에 올리브유 · 소금 · 허브 등을 넣어 구운 이탈리아 빵이다. 불에 구운 것으로 보존하기가 쉬울 뿐만 아니라 맛이 담백하기 때문에 육류나 해산물 등 여러 요리와 함께 먹을 수 있다.

빵의 명칭	빵의 특성	빵의 명칭	빵의 특성
Danish Custard 	낙농업이 발달한 덴마크에서 버터와 빵을 함께 먹을 수 있는 방법을 연구하던 중 탄생하였다. 덴마크 고유의 단단한 버터를 사용하며 설탕, 유지, 계란이 많이 들어가 맛이 풍부하고 달콤하다. 올리는 재료에 따라 다양한 종류가 있으며, 그 모양 또한 다양하다.	Chapatti 	인도에서 주식으로 이용되는 빵으로 밀기울이 든 밀가루를 재료로 해서 발효시키지 않고 만든 빵이다.
Kaiser Roll 	독일이 본고장이나 오스트리아에서 즐겨 먹으며, 껍질은 바삭거리고 별 모양이다.	Brioche Roll 	계란과 버터의 배합이 높아 버터향이 강하며, 프랑스 축제 때 많이 만들어진다.
Croissant 	초승달을 뜻하는 프랑스어로, 크루아상은 헝가리 빵으로서 지방분이 많으면서도 짭짤하고 담백하여 아침식사로 많이 이용된다.		

(4) 샐러드Salad

샐러드는 알칼리성 식품으로 육식을 중화시킨다. 유럽권에서는 통상 주요리와 같이 나오거나 주요리 이후에 제공되며, 그 외 나라에서는 주요리 전에 제공된다.

① 샐러드의 구성

- 바탕Base : Green Lettuce가 대부분으로, 접시를 채움과 동시에 본체Body와의 색상대비를 시켜준다.
- 본체Body : 색상이 진하고 고운 야채 종류로, 바탕Base과 색상대비를 시켜 화려함을 더해준다.
- 드레싱Dressing : French Dressing, Italian Dressing, Thousand Island Dressing이 대표적이다.

- 곁들임Garnish : 색상, 향미를 돋우는 재료가 많으며 Black Olive, Cherry Tomato, Anchovy Fillet, Sunflower Seed, Crouton, Chopped Bacon 등이 있다.

② 샐러드의 4C

최상의 샐러드를 즐기기 위해서는 다음 4C를 유의하여야 한다.

- Clean : 깨끗하고 신선한 재료를 사용한다.
- Cool : 차게 보관한다.
- Crispy : 냉각한 것처럼 바삭거려야 한다.
- Colorful : 다채롭고 풍성하게 색상의 배열한다.

샐러드 서비스 시 제공되는 야채는 다양한 종류가 함께 어우러진다. 특히 승객이 특정 샐러드 야채만을 선호하거나 기피하는 경우도 있으므로, 서비스 시 야채의 명칭을 정확히 설명할 수 있어야 한다. 아래 사진에 소개된 야채는 샐러드에 가장 많이 사용되는 식재료이므로 각각의 맛과 특징, 명칭을 숙지하고 서비스하는 것이 바람직하다.

샐러드서비스의 예

샐러드에 사용되는 Vegetable

샐러드의 종류별 명칭	샐러드의 특징	샐러드의 종류별 명칭	샐러드의 특징
Red Belgian Endive 	벨기에에서 처음 생산되었다 하여 벨지움 엔다이브라고도 불리며, 당분이 풍부하여 약간 쌉싸름한 맛으로 아삭한 식감이 난다.	Baby Leaf 	어린잎 채소로, 질감이 부드럽고 특유의 풍미나 비린 맛이 강하지 않아 누구나 즐겨 먹기가 편하다.
Iceberg Lettuce 	양상추로 잎이 공처럼 단단히 말려 있다. 수분이 95%를 차지하고 샐러드로 많이 사용한다.	Baby Spinach 	어린 시금치잎으로 수분이 많고 부드럽다. 떫은맛도 강하지 않아 샐러드로 즐겨 먹는다.
Chicory 	카로틴과 철분이 풍부하고 쌉싸름한 맛으로, 입맛을 돋우는 쌈 재료로 샐러드로 많이 쓰인다.	Belgian Endive 	벨기에에서 처음 생산되었다 하여 벨지움 엔다이브라고 불리며, 당분이 풍부하여 약간 쌉싸름한 맛으로 아삭한 식감이 난다.
Frisee 	아삭하고 상큼한 특유의 가벼운 식감으로, 샐러드에 잘 어울린다.	Green Romaine 	상추의 일종으로 잎이 직립하며, 잎줄기는 두텁고 넓다. 에게해 코스섬 지방이 원산지여서 코스상추라고도 한다. 작게 키우는 미니로메인, 적색인 적로메인이 있으며 미네랄, 칼륨, 칼슘이 풍부하다.
Green Curly Kale 	잎 가장자리가 오글거리는 모양으로, 적색이 나는 것도 있다. 비타민 A, C, 칼슘이 풍부하나 쓴맛이 난다.	Red Leaf Lettuce(적상치) 	상추의 한 종류로, 푸른색은 Romaine Lettuce를 말하며, Red Leaf Lettuce는 붉은색을 부분적으로 가지고 있다.
Green Oak Leaf 	참나무잎의 모양을 닮아서 붙여진 이름으로, 비타민 C가 풍부하다. 식감은 부드럽고 아삭하며 단맛이 난다.	Lollo Rosa 	오글오글한 모양의 이탈리아 적색계 상추로, 색깔이 화려하여 샐러드와 요리 장식용으로 많이 사용한다.

(5) 앙트레Entrée

프랑스에서 Entrée란 말은 'Enter(들어가다)'에서 파생한 말로서, Entrée란 원래 '본격적으로 시작되는 요리'로 전채요리의 의미로도 쓰이고 있다. 그러나 보편적으로 Entrée란, 요리에 있어서 가장 하이라이트High Light가 되는 메인디시Main Dish로서 생선요리, 고기요리, 구이요리 등을 통틀어 일컫는 개념으로 사용하고 있으며 앙트레의 구성은 다음과 같다.

① 앙트레의 구성

- Entrée : Meat류, Seafood류, Poultry류, Game류 등이 있으며, 각각의 요리에 어울리는 다양한 소스가 함께 곁들여진다.
- Starch : 감자, 밥, 국수 등 전분이 함유되어 있는 재료로 만든 것을 의미한다.
- Vegetable : 곁들이는 더운 야채요리를 의미한다.

Cheese Quiche

Tenderloin

Cod Fish

Dish Up의 다양성이 보이는 Main Dish의 예

(6) 디저트Dessert

디저트는 후식을 의미하며, 그 종류만큼이나 맛과 향취 또한 다양하다. 서양요리에 있어서 '요리의 시'라고 불릴 정도로 식사의 화려한 분위기를 최종적으로 연출해 주는 역할을 한다.

아이스크림과 케이크가 서비스되는 디저트의 예

① 치즈Cheese

치즈는 주로 우유나 양, 산양 등의 젖을 응축한 식품으로 단백질의 원천이며, 지방, 칼슘 등을 함유한 높은 영양식품이며 소화도 잘되는 디저트식품이다. 또한 치즈는 만드는 방법, 생산지, 숙성 정도에 따라 고유한 맛과 향이 있는 특색을 지니고 있다. 따라서 치즈를 자를 때는 나이프를 각각 따로 사용하여 서로의 맛과 향이 섞이지 않도록 해야 한다.

대부분의 치즈는 실온으로 먹어야 그 향과 맛을 제대로 즐길 수 있으며, 카망베르Camembert, 이담Edam, 체다Cheddar 등 숙성된 Natural Cheese는 제조 시 숙성기간을 오래 거치므로, 작은 조각으로 잘라 최대한 치즈 내면이 공기와의 접촉으로 제 맛과 향이 살아나도록 한다.

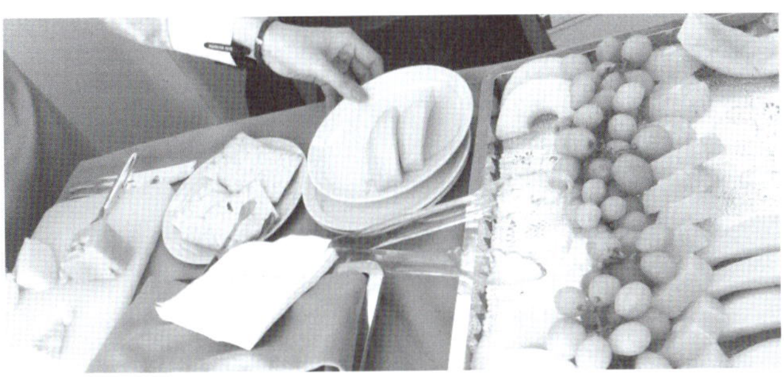

치즈와 과일서비스의 예

치즈의 종류

치즈의 종류	치즈의 특성	치즈의 종류	치즈의 특성
Blue Cheese 	유럽 전 지역에서 생산되는 푸른색곰팡이 치즈를 Blue Cheese라 일컫는다.	Roquefort 	프랑스 Roquefort 마을에서 만들기 시작하여 붙여진 이름이며, 푸른곰팡이에 의해 숙성되는 반경성치즈로, 양젖으로 만든 것만 Roquefort라고 한다.
Gorgonzola 	밀라노 근처 고르곤졸라 마을 이름에서 유래한 치즈로, 청록색 결이 퍼져 있는 이탈리아의 대표적인 푸른곰팡이 치즈이다.	Camembert 	프랑스의 Normandy 지방인 Camembert 마을에서 17C 말 처음 제조되기 시작하였고, 약간의 크림을 첨가한 우유로 만들어진다.
Brie 	표면에 생육한 흰곰팡이에 의해 숙성된 연성치즈로, Camembert와 비슷한 풍미를 가진다.	Emmenthal 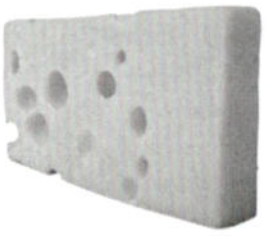	'스위스치즈'라고도 불린다. 탄력 있는 조직과 숙성이 진행되면서 가스구멍인 'Cheese Eye'가 형성된다.
Edam 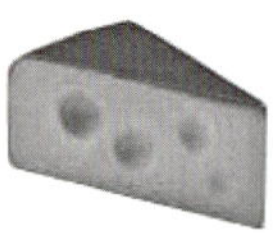	네덜란드치즈 중 가장 대표적이다. 수출용에는 붉은색 파라핀 왁스를 입힌다. 취식할 때는 이 붉은색 파라핀 왁스는 제거하여야 한다.	Gouda 	네덜란드가 원산지이며 반경성치즈이다.
Cheddar 	영국의 대표 치즈이다.		

② Fruit

식탁에 있어서 과일은 풍성함과 신선함을 가져다주며, 또한 디저트 코스Dessert Course의 화려함을 느끼게 해준다.

③ Sweet Dish

식사의 마지막 코스Course로 빠져서는 안 될 부분이며, 식사를 화려하게 장식

해주는 역할을 한다. 종류로는 다음과 같은 것들이 있다. Ice Cream, Gâteau(갸또: 구운 케이크), Pie, Pudding, Mousse, Sherbet, Petit Fours뻐띠푸르: 한 입에 먹기 좋게 만든 작은 케이크 등이다.

Petit Fours

04 Class별 기내식 서비스

기내식은 대부분 항공사에서 서양식을 근간으로 하고 있으며, 국적기인 경우 승객의 다양한 요구에 부응하기 위해 내국인 승객을 위한 한식 및 노선 특성을 살린 일본식, 중국식 등을 제공한다. 또한 다양한 메뉴 제공 및 서비스 향상을 위해 일정 주기로 메뉴를 변경하고 있다.

기내식 제공은 비행시간에 따라 차이가 있으며, 국내선의 경우 비행시간이 1시간 미만이므로 간단한 음료서비스만 제공된다. 국제선의 경우에도 2시간 미만의 단거리 노선에서는 시간 관계상 데우거나 조리하지 않아도 되는 차가운 음식Cold Meal이 주로 제공된다.

비행시간이 2시간 이상일 경우, 따뜻한 음식을 제공하며 시간에 따라 식사의 종류와 회수를 달리 제공한다. 또한 기내식은 좌석 등급에 따라 그 내용과 방법이 달라진다.

1) First Class

First Class의 식사서비스는 격조 높은 고급 호텔레스토랑 수준의 정통 서양식 풀코스Full Course를 기본으로, 승객에게 개별적으로 주문을 받아 제공함으로써 다른 Class와의 차별화된 서비스를 제공하고 있다.

(1) First Class 식사서비스 순서 : 장거리 Lunch / Dinner 기준

항공사별로 차이가 나며, 노선별로 서비스 내용이 달라질 수 있으나, 상위클래스 서비스의 가장 큰 특징은 개인별 맞춤형 서비스로 식사서비스가 진행된다.

Lunch, Dinner의 서비스 순서는 다음과 같다.

1 Menu List

2 Pre Drink & Menu Order Taking

3 Hot Towel

4 Table Opening & Tablecloth Spread

5 Pre Drink With Starter

6 Tableware Setting

7 Water

8 Wine

9 Bread

10 Caviar or Combo Appetizer

11 Service Plate

12 Soup

13 Salad

14 Main Dish

15 Toothpick

16 Tableware Collecting

17 Cheese & Fruit

18 Tablecloth Collecting & Dessert Tablecloth

19 Dessert

20 Espresso Coffee 안내지

21 Hot Beverage & Liqueur

22 2nd Hot Towel

23 Final Collecting

① Tableware Setting의 예

Tableware를 놓아드릴 때는 객실 구조에 따라 세팅 순서가 바뀌게 되며, 세팅 원칙은 승객을 기준으로 안쪽에서 복도 쪽으로 놓아드린다.

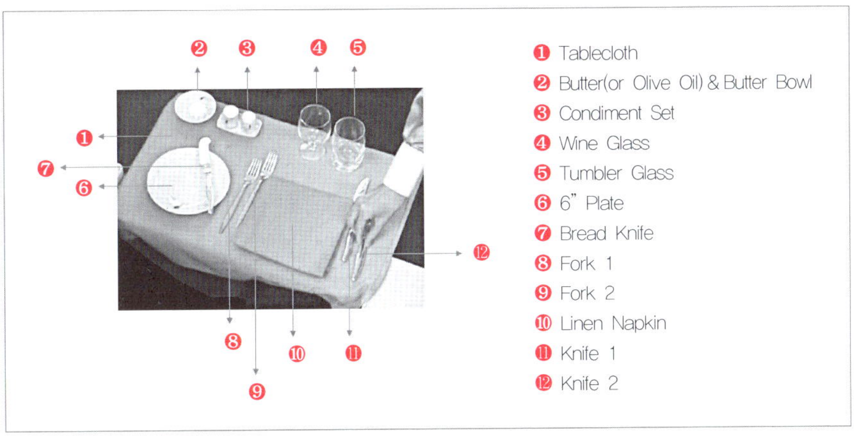

승객 Tableware Setting의 예

Breakfast의 예는 다음과 같다.

- Wine Glass는 생략하며 식사 Volume에 따라 Cutlery는 1세트만 준비한다.
- Tableware Setting에 이어서 Bread와 Hot Beverage서비스를 한다.

- 주문받은 Hot Beverage의 Coffee Cup은 왼쪽 상단 Butter Bowl 옆에 놓는다.

② Starter의 예

③ Caviar 서비스의 예

④ Salad 서비스의 예(Serving Cart 이용 시)

⑤ Main Dish 서비스의 예

한식(비빔밥) 서비스

양식 서비스

⑥ Toothpick 서비스의 예

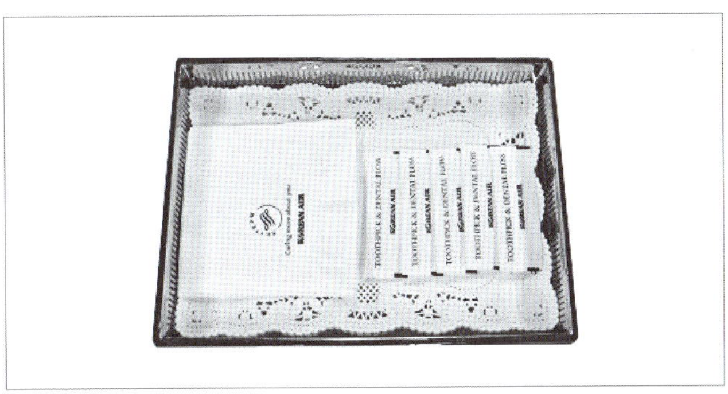

⑦ Cheese & Fruit 서비스의 예

Port Wine과 Cheese & Fruit Cart 차림

⑧ Hot Beverage

Liqueur와 Hot Beverage Cart 차림

First Class 서비스는 차별화된 고품격의 서비스를 제공하기 위해 다양한 코스별로 서비스하며 노선별로 생략되는 코스가 있으나, 대부분 전채요리 〉 수프 〉 샐

Coffee와 Tea 서비스의 예

러드 〉 주요리 〉 치즈 & 과일 〉 디저트 〉 Hot Beverage와 같은 순서로 진행된다.

2) Prestige Class

Prestige Class에서도 서양식 코스요리를 근간으로 식사서비스가 제공되나 First Class보다 축약된 Semi-Course 방식이다.

Lunch, Dinner 서비스의 순서는 다음과 같다.

1 Menu List
2 Menu Order Taking
3 Hot Towel
4 Table Opening & Tablecloth Spread
5 Pre Drink with Starter★
6 Basic Tray & Bread★
7 Wine
8 Soup(for Western Meal)
9 Main Dish★
10 Basic Tray Collecting & Dessert Tablecloth Spread★
11 Cheese★
12 Dessert★
13 Beverage & Liqueur★
14 Final Collecting★
15 입국서류

★ : Cart 차림으로 서비스함을 의미한다.

(1) Pre-Drink with Starter의 예

(2) Basic Tray & Bread 서비스

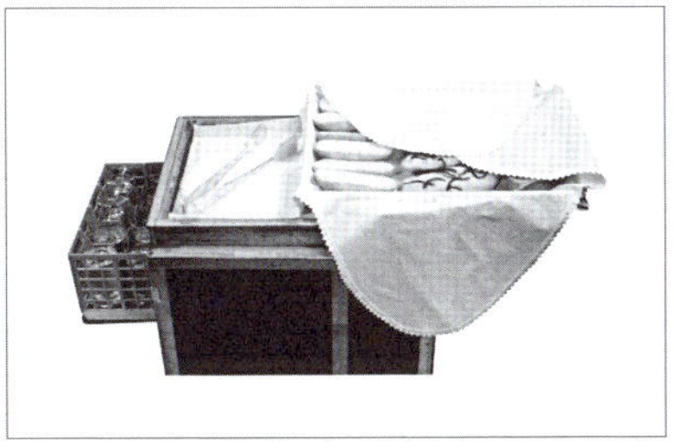

Galley 준비상태

승객 Table에 서비스된 상태

	양식 Basic Tray 제공 모습
	한식 Basic Tray 제공 모습
	전채요리와 샐러드가 합쳐진 형태의 요리 제공 모습
	Breakfast인 경우, Coffee Cup을 미리 Tray에 Setting하여 서비스한 모습

(3) Main Dish

Main Dish(비빔밥) Cart 서비스

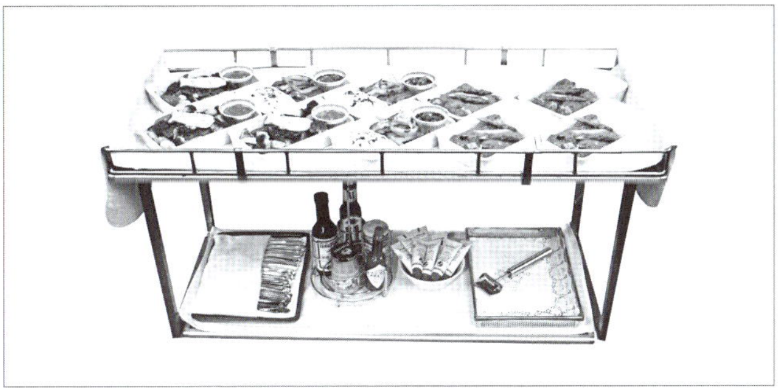

Main Dish(양식) Cart 서비스

(4) Cheese

Port Wine과 Cheese & Fruit Cart 서비스

(5) Dessert

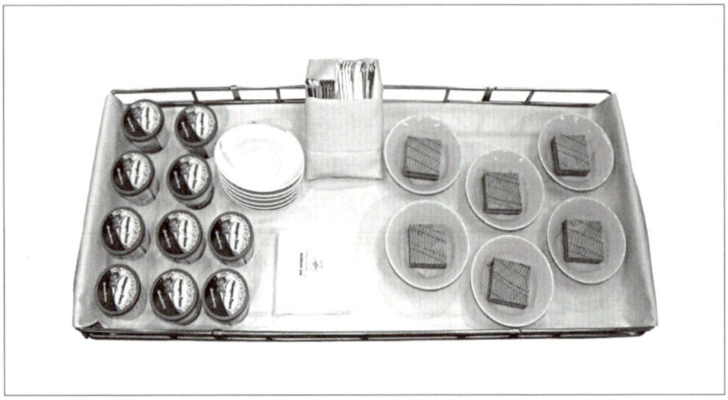

Cake 및 Ice Cream류 서비스

(6) Beverage & Liqueur

Hot & Cold Beverage, Liqueur Cart 서비스

3) Economy Class

Economy Class의 식사는 2가지의 식사 중 선택할 수 있으며, 상위클래스와 달리 한상차림으로 서비스한다.

1st Meal Service의 서비스 순서는 다음과 같다.

1 Refreshing Towel

2 Aperitif

3 Meal Tray

4 Hot Beverage

5 Meal Tray 회수

6 Clear Off

(1) Aperitif

식전주 서비스는 Cart와 Tray를 이용하여 서비스하는 방법이 있다.

Cart 이용한 Aperitif 서비스

Tray를 이용한 Aperitif 서비스

(2) Meal Tray

Breakfast / Brunch를 제외한 식사서비스 Cart 차림

Breakfast 서비스 Cart 차림

(3) Hot Beverage

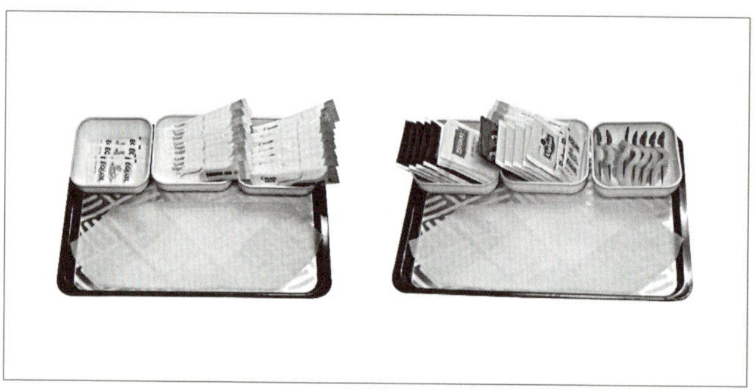

Coffee 서비스(좌) / Tea 서비스(우)

(4) Meal Tray 회수

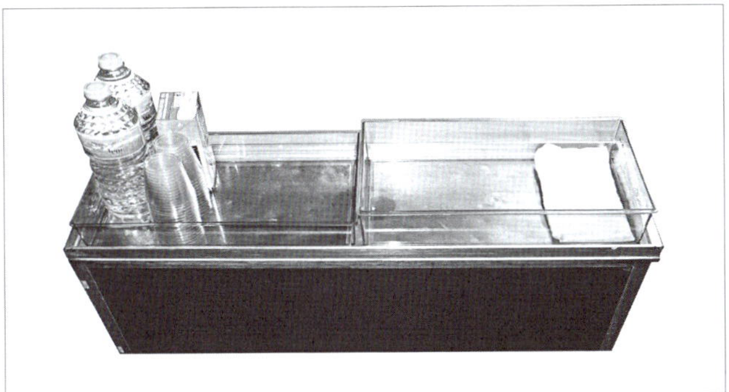

Introduction to
Airline Cabin Services 3

객실서비스 실무

SECTION 1 국제선 객실서비스

국제선 노선의 객실승무원들의 업무 절차는 다음과 같으며, 각 항공사들은 고객만족도를 높이기 위해 타 항공사와 차별화된 서비스를 고안하고 있으며, 그에 따른 세부적인 서비스 절차는 다소 차이가 있다.

❶ 비행 준비
❷ 브리핑
❸ 승객 탑승 전 업무
❹ 승객 탑승 시 업무
❺ 이륙 전 업무
❻ 비행 중 업무
❼ 착륙 후 업무

01 비행 준비

1) 필수휴대품 점검

객실승무원으로서 비행 업무를 수행하기 위해서 반드시 휴대하여야 할 물품들이 있으며, 통상적으로 회사로 출근하기 전에 자택에서 준비하여 출발하여야 한다. 예를 들면, 승무원 신분임을 증명하는 I.D, 이륙 후 서비스 시 착용하여야 하는 앞치마와 기내에서 착용하는 기내화 등이 있다.

국제선 비행인 경우는 여권과 비자 등이 추가로 필요하며, 체류국가의 비자가 필요한 경우 회사 차원에서 일괄적으로 비자를 발급받는 행정처리를 대행하여 주며, 승무원들은 매 비행 시 여권과 비자의 손상 여부 등을 확인할 의무가 있다. 그 밖에 방송자격자인 경우 해당 방송문과 서류 등이 있다.

2) 출근

객실승무원에게 있어 출근준비 미흡과 이에 따른 지각은 비행근무 자체를 불가능하게 하는 요인이 되므로, 교통 혼잡 등을 고려하여 넉넉한 시간적 여유를 갖고 회사에 도착하도록 하는 것이 바람직하다. 유니폼을 입고 출·퇴근을 하는 경우, 정해진 유니폼 착용 규정을 준수해야 한다.

3) 브리핑 전 확인사항

객실브리핑에 참석하기 전에 해당 비행에 관한 정보를 숙지하고, 그 밖의 회사 전달사항 등을 확인한다. 사내 인터넷 정보망을 통해 객실브리핑 준비를 한다.

4) 브리핑

(1) 객실브리핑

객실브리핑이란, 객실승무원 전원이 모여 해당 비행편 근무를 위해 실시하는 간단한 회의라고 할 수 있다. 그 내용은 비행근무를 함께 할 객실승무원들 간의 간단한 인사를 시작으로 하며, 사무실 내의 정해진 시간과 장소에서 실시한다.

출발이 모기지ICN, GMP가 아닌 경우(해외출발 편)와 승무원 교체 등이 이루어지는 경우, 해당 호텔 내 정해진 장소와 그 밖의 정해진 장소에서 객실브리핑을 한다. 객실브리핑의 내용은 다음과 같으며, 이외에도 공유되어야 할 정보를 교환하여 효율적인 서비스가 이루어질 수 있도록 한다.

- 최신 업무지시 내용 숙지(사내 전용게시판)
- 기종과 기번, 운영 Class
- Duty 및 착석 Jump Seat 확인
- 서비스 절차, 식사 메뉴, 노선별 특성
- VIP, CIP, SPCL 승객 탑승사항 확인
- 항공기 안전, 보안장비 및 시스템 숙지
- Door 작동법, 비상사태 처리 절차

(2) 합동브리핑

객실브리핑에 이어서 운항승무원까지 참석하는 합동브리핑을 실시한다. 합동브리핑은 비행 전 객실승무원과 운항승무원이 모두 참석하며, 브리핑 주관은 운항승무원이 한다.

합동브리핑의 내용은 비행시간 및 항로, 운항 고도, 운항 속도, 현지 및 비행 중 기상 상태 등과 같은 운항관련 정보와 승객탑승 현황이며, 특히 조종실 출입 절차에 대한 재숙지와 비상절차 및 보안 관련 유의사항 등을 전달한다. 객실승무원과 운항승무원의 업무 협조가 안전운항에 중요한 영향을 미치게 되므로, 동승한 전 승무원들 간의 원활한 의사소통이 필요하며 합동브리핑을 통해서 CRMCrew Resource Management이 이루어지도록 하는 승무원 모두의 노력이 필요하다.

합동브리핑 장소는 항공사별로 상이하며 회사 내 정해진 장소, 항공기 탑승 전 Door Side, 탑승 후 최전방 A Zone 등에서 이루어지는 경우도 있다.

합동브리핑 시점은 항공사별로 다소 차이가 있으며, 항공사별로 회사 위치 변경 등에 따라 합동브리핑 장소와 시점이 변경되는 경우가 있다. 이는 효과적인 시간 안배를 통해 가장 합리적인 브리핑 절차를 찾기 위한 것이다.

5) Taser 수령

비살상 전기충격기인 Taser는 여객터미널 내의 안전보안실에서 수령하며, 항공기 내의 무기함에 안전하게 보관하여야 한다. Taser 수령은 회사에서 정한 비행근무자 2인이 실시한다.

안전보안 규정은 비행 중 항공테러 위험 및 항공 안전을 저해하는 범법 행위 발생률이 증가함에 따라 비살상 전기충격기를 기내에 탑재하고 있으며 운반 및 보관 시 각별한 주의가 필요하다. 특히 사용에 관한 규정을 반드시 숙지하여야 한다. 또한 승무원은 출입국 시 안전보안 규정에 따라 타인에게 부탁받은 서신 및 우편물 등의 운반은 하지 않는다.

6) 출국 수속

브리핑 종료 후 국제선 청사로 이동하며 위탁수하물이 있는 경우 직원 전용 카운터에서 Baggage에 Crew Tag을 부착하여 탁송하고 출국 수속을 한다. 그리고 위탁수하물 탁송 후 항공기 반입 제한물품 소지 여부를 확인하는 X-Ray 검사대를 통과한다.

또한 승무원 출국절차에 따라 여권과 비자심사를 거치는 출국심사C.I.Q를 거쳐 해당 게이트Gate를 찾아 항공기에 탑승한다. 전 세계적으로 안전 규정이 강화되어 도착지에 따라서 항공기 탑승 직전 게이트 앞에서 보안검색이 재차 이루어지는 경우도 있다. 여기서 C.I.Q란, 모든 승객 및 승무원이 출입국 시 거치는 절차를 말하며, 각각은 다음을 뜻한다.

- Custom Check(세관 신고)
- Immigration(출입국 수속)
- Quarantine(검역 신고)

Crew Bag의 예

02 이륙 전 업무

1) 항공기 탑승 및 승무원 개별 짐 보관정리

항공기 탑승 후 신속하게 승무원 각자는 업무 할당표에 명시된 Jump Seat 근처로 이동하여 기내화로 갈아신고, 앞치마, 서류 등 비행 중 필요한 물품을 Galley 등에 보관하며, 그 밖의 짐은 정해진 곳에 보관한다.

짐 보관장소는 다음과 같다.

- Overhead Bin(승객의 안전과 편의를 최우선 고려할 것)
- Door가 장착된 Coatroom(허용 중량 준수)
- 좌석 하단으로서 전방과 통로측 방향에 고정장치가 설치되어 있는 공간

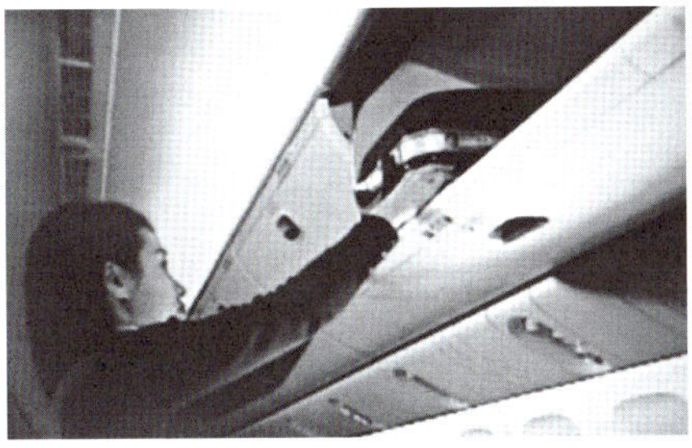
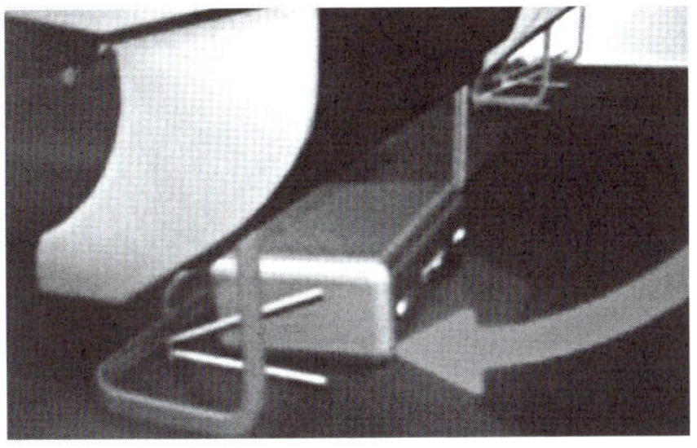

2) Pre-Flight Check

객실승무원은 각자 배정받은 근무 담당구역에서 비행 전 비상/보안장비 및 서비스 분야에 대해 정확하고 신속하게 점검하여 이상 유무를 객실사무장에게 보고하여야 한다. 이는 비행 중 발생할 수 있는 환자 발생 및 비상사태 발생 시 신속하게 대처하기 위함이며, 객실승무원은 탑재된 비상/보안장비의 위치, 작동법, 이상 유무 등을 확인하여야 한다.

(1) 비상 / 보안장비 점검

이는 비행 중 발생할 수 있는 환자 발생 및 비상사태 발생 시 신속하게 대처하기 위함이며, 객실승무원은 탑재된 비상 / 보안장비의 위치, 작동법, 이상 유무 등을 확인하여야 한다.

- 응급조치 장비 : PO_2 Bottle, First Aid Kit, Emergency Medical Kit 등
- 화재진압 장비 : H_2O 소화기, Halon 소화기, PBEPrecaution Breathing Equipment, Smoke Detector(화장실 천장에 설치) 등
- 안전장비 : 담당 Jump Seat 내 승무원용 구명복, Safety Demonstration 용구
- 보안장비 : 비상벨, 방폭담요, 방탄조끼, 조종실 Door
- 비상탈출 및 착수장비 : Door Slide Mode, Door Locking 상태, ELTEmergency Locator Transmitter, Flash Light, Megaphone 등

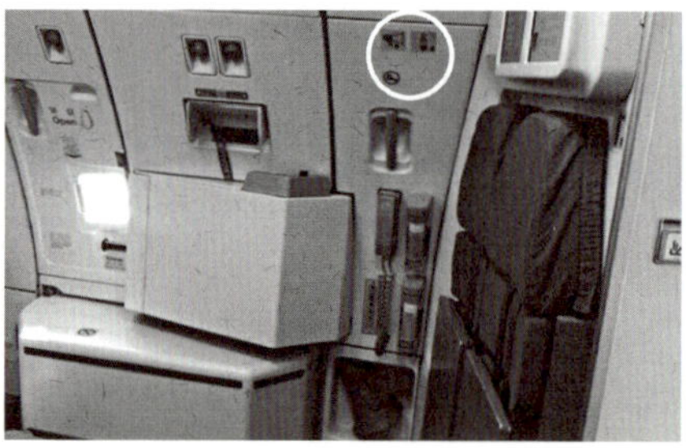
Door Side 주변의 비상장비 Label

FAK(First Aid Kit) 탑재위치 Label

(2) 기타 장비 및 시스템 점검

① Communication 시스템

- Station의 Handset : 모든 승무원은 업무에서 할당된 Station의 Handset을 점검하고 Interphone 작동상태를 확인하여야 하며, 객실사무장과 방송담당자는 PAPublic Address 상태를 모든 승무원들이 모니터 할 수 있도록 한다. 이를

통하여 기내방송의 음량과 상태를 조절하고 효과적인 방송이 될 수 있도록 한다.

- Passenger Call : 승객 PSU와 화장실 LSU에서 승무원 호출버튼을 누르면, Master Call Light Panel에 해당색깔의 버튼에 Light가 켜지며 Chime이 울린다.
- Interphone Call : 기장을 포함한 승무원 상호간의 호출 시, Master Call Light Panel에 해당색깔의 버튼에 Light가 켜지며 Chime이 울린다.

② 객실조명

사무장은 Cabin Light Switch를 이용하여 Cabin Light System 이상 유무를 확인한다.

③ Galley 장비

전기에 의해 작동되는 기기들이 설치되어 있으므로, 비행 중 화재 발생에 대한 주의를 기울여야 한다.

Air Bleeding

Water Boiler 작동 시, 전원을 켜기 전에 Faucet(수도꼭지)에서 공기를 빼어 기포가 없는 정상적인 물줄기가 흘러나올 때까지 Faucet을 열어두는 작업을 Air Bleeding이라고 한다. Air Bleeding이 충분히 이루어지지 않은 채로 Water Boiler를 사용할 경우에는 과열에 의한 화재 발생의 원인이 될 수 있다.

④ Lavatory 장비

Smoke Detector, Flushing 상태, Compartment Locking 상태, 화장실 내 청소 상태, 비품 비치 여부 등을 확인한다.

⑤ 객실 설비

객실 내에는 다양한 기내서비스를 제공하고자 승객 오락시설을 포함하여 여러 가지 설비가 설치되어 있다. 기종별로 작동법에 다소 차이가 있을 수 있으므로 승객 응대 시 적절한 안내가 될 수 있도록 주의하여야 한다. 승객 좌석, Monitor / Screen, PSU, PCU 등을 점검하여 비디오, 오디오 서비스 등에 차질이 없도록 확인한다.

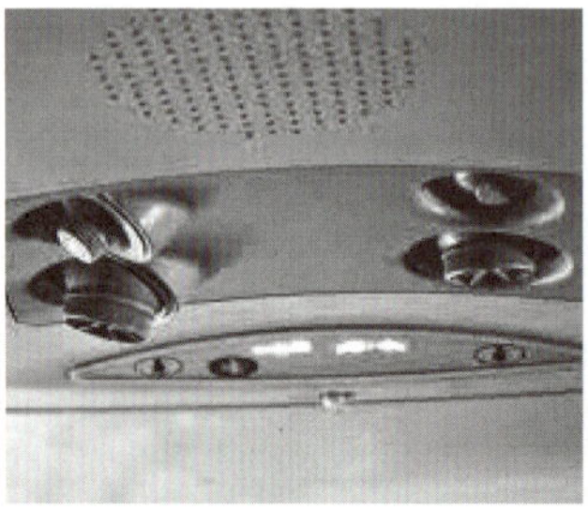

PSU(Passenger Service Unit)

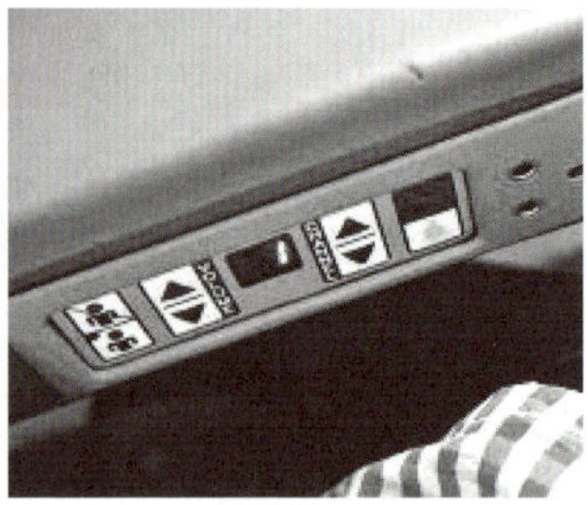

PCU(Passenger Control Unit)

PCU 앞면, 옆면, 뒷면(왼쪽부터)

(3) 객실 청소상태 점검

담당구역별로 좌석, Seat Cover 및 Cushion, Overhead Bin, 복도 등의 청소상태를 신속히 확인하여 미흡한 부분이 발견될 경우에는 승객 탑승 전 그에 따르는 필요 조치가 이루어질 수 있도록 한다. 그 밖에 Crew Rest Area, Coatroom 등도 청소상태 및 이상 유무를 확인한다.

(4) Catering Item 확인

각 Galley Duty는 해당 노선에 필요한 각종 서비스용품 및 Meal이 정확히 탑재되었는지 확인하고 객실 부사무장에게 보고한다.

In Between Snack, Bread, Special Meal 탑재 여부 및 확인, Mineral Water, 각종 주스 및 음료, 맥주 및 주류, Hot Beverage류, Tray, Pot 등 각종 기물, Plastic Cup, Paper Cup, Cotton Towel, Disposable Towel, Paper Napkin, 신문, Headphone, Blanket, Pillow, Child Givea Way 등 서비스에 필요한 모든 Item이 정확하고 신속하게 확인되어야 하므로, Galley Duty는 메뉴 및 서비스 내역 등을 사전에 철저하게 인식하고 있어야 한다.

기내면세품 판매담당자는 지상종업원과 함께 면세품 수량을 확인하여 인수받는다. 미 탑재 혹은 부족분이 있는 경우, 출발지연이 되지 않도록 최대한 신속히 보고하여 추가 탑재되도록 하여야 한다.

3) 지상서비스 준비

(1) 서비스물품 준비

① Meal Cart 및 Entrée 정리

Meal 탑재 내역 및 상태를 확인하여 Meal Cart 내의 Dry Ice를 적절한 시점에 제거하고, Entrée도 오픈Open하여 냉동상태 등을 확인하여 Heating 시간 등을 사전에 조율하는 것이 필요하다. 전체 Meal 탑재량이 확인된 후 시간적 여유가 있는 경우, 각 Galley별로 서비스 흐름을 고려하여 효과적인 Meal Cart 교환을 하여 서비스 도중 동선을 최소화 할 수 있도록 한다.

Cotton Towel이 첫 번째 식사에 서비스되는 경우, Entrée가 탑재된 오븐Oven

에서 Entrée를 꺼낸 후 Cotton Towel을 Heating 후 Warmer에 옮겨 보관하고, 꺼내놓은 Entrée를 다시 원위치하여 둔다.

Bulk로 탑재된 Bread가 첫 번째 식사에 서비스되는 경우, Bread Basket과 Linen, Bread Tong 등도 준비해 둔다.

② 음료 Chilling

이륙 후 가장 먼저 이루어지는 것이 음료서비스이므로, Cold Beverage가 차갑게 서비스 될 수 있도록 냉장고 및 얼음, Dry Ice 등을 이용하여 Chilling한다.

③ 각종 기물정리

Bulk로 탑재된 기물은 Galley별로 필요한 수량만큼 운반하여 적절하게 정리하여 둔다. Muddler Shelf, Pot, Tray, 각종 Tong, Basket류, Ice Scoop 등

④ 신문 및 잡지 세팅Setting

일반적으로 신문은 Serving Cart를 이용하여 세팅하며 Cart Mat는 깔지 않는다. 탑승하는 승객이 신문의 제호가 잘 보이도록 적당량을 올린 후 Bridge 위에 혹은 Step Car 상단에 비치한다.

장거리노선에서는 비행 중 충분한 시간이 있으므로, 일반석에 서비스할 신문의 1/2 정도를 지상에서 사전 서비스하며 잔여분은 이륙 후 서비스한다. 일반석 각 선반에 신문을 비치해 놓아 신문을 먼저 요청하는 승객에게 서비스한다. 잡지는 제호가 잘 보이도록 Magazine Rack에 적당량의 신문과 함께 세팅한다.

(2) 화장실 정리

Galley에 탑재된 화장품을 각 화장실 내에 세팅하며 Liquid Soap이 충분히 보충되었는지 눌러보아 확인하고 Roll Paper, Paper Towel 등이 충분히 탑재되었는지 확인한다. 화장실 내 Compartment와 객실의 정해진 Compartment에 탑

재된 수량을 확인한다. 화장실 Flushing 상태, Ceiling에 Smoke Detector 정상 상태 확인, Trash Can 뚜껑의 닫힘 상태 등도 함께 확인한다.

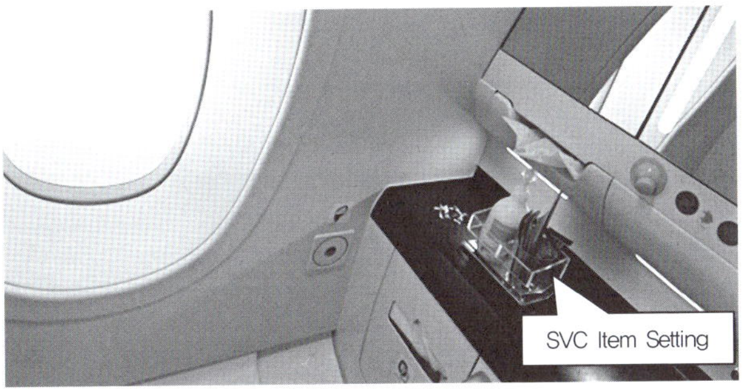

A380의 First Class Lavatory 내부의 예

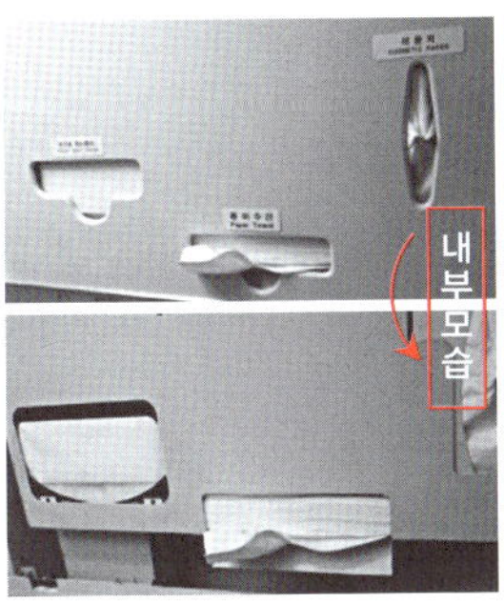

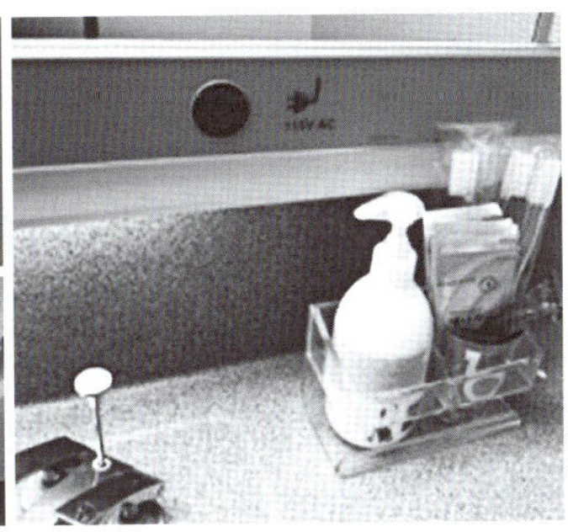

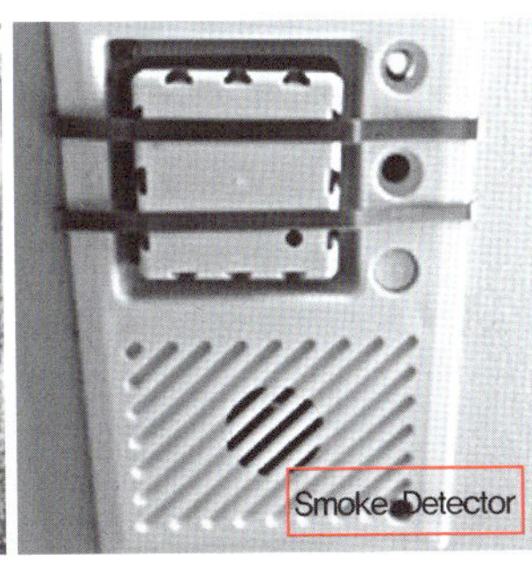

상위클래스에서 이루어지는 지상서비스는 일반석에 비해 다양하므로 그에 따른 준비과정이 추가로 필요하다.

- 신문, 잡지 : 승객 한 분 한 분에게 개별서비스를 하는 것이 원칙으로, Tray 혹은 소형 신문전용 카트Cart를 이용하여 준비해 둔다.
- Coatroom 정리 : 상위 클래스에서는 Coat Handling 서비스가 이루어지므로, Hanger와 좌석번호에 맞는 Hanger Tag을 준비하고 Coatroom의 청결상태와 승객 의복을 보관할 수 있는 충분한 공간을 마련해 둔다.
- 전 좌석 Audio, Video 시스템 이상 여부를 확인하고, Seat Pocket 청결 상태와 Seat 정리 상태를 다시 한 번 확인한다.
- Towel Heating : 일등석의 경우, 지상에서 Hot Towel 서비스가 이루어지므로 Towel Heating을 한다.
- Welcome Drink 준비 : 환영의 의미로 샴페인과 칵테일, Fresh Orange Juice 등을 서비스하므로 샴페인, Fresh Orange Juice, Mineral Water 등을 Chilling 한다. 샴페인은 Ice Bucket에 담아 Ice를 붓고 물을 채워 신속하게 Chilling 되도록 준비한다.

4) 승객 탑승 환영인사 및 좌석 안내 / 휴대수하물 보관 안내

승객 탑승이 시작되면, 객실사무장은 주 탑승구에 위치하여 전반적인 승객 탑승이 원활하게 이루어지도록 객실승무원을 배치하고 안내 업무를 지휘한다. 객실 부사무장은 탑승구 주변에 위치하여 승객 탑승 업무와 Special Passenger의 탑승을 안내한다. 승객 탑승 전에 전 승무원은 단정한 복장을 갖추고 Door 근처나 Aisle에 대기하여 밝은 표정으로 승객에게 환영의 인사를 전하며 좌석안내를 하고 특히 노약자, 환자, 유아동반 승객을 적극적으로 안내한다. Welcome 인사를 전담으로 하는 승무원은 주 탑승구에 위치하여 승객에게 환영인사를 하며 탑승권 일자와 편명을 확인하며 해당좌석 방향을 안내한다. 주 탑승구에는 주로 상위클래스 좌석이 연결되어 있으므로, 상위클래스 담당승무원이 함께 대기하여 상위클래스 승객 탑승 시 해당 승객을 좌석으로 직접 안내한다.

각 클래스의 담당승무원들은 담당구역 비상구 주변을 기본으로 승객이 휴대 수하물을 안전하게 보관할 수 있도록 유연성 있게 이동하면서 적극적으로 안내하고, 도움이 필요한 승객에게는 좌석 설비 및 화장실 위치 등을 안내한다.

항공기의 Bridge 연결모습

① 국제선의 경우

승객 탑승은 국제선의 경우 소형기종(B737 등)을 제외하고 D-30분을 기준으로 한다.

② 승객 탑승 순서

- Stretcher 승객
- UM, 제한 승객
- 노약자, 유아동반 승객
- VIP, CIP
- PF / CL, FR / CL 승객, MMC
- PR / CL 승객

- EY / CL

③ 좌석 중복 승객 처리 절차

- 좌석 중복배정으로 판명되면 우선 정중히 사과한다.
- 승객의 탑승권을 보고 날짜, 편명, 이름, 좌석번호를 확인한다.
- 나중에 탑승한 승객에게는 Galley 근처에서 기다리도록 한다.
  (주의 : 처리될 동안 승객을 Jump Seat 등에 착석하도록 하는 경우, 비상구를 가리게 되므로 안전 규정에 위배될 수 있으므로 적절하지 못하다.)
- 객실사무장에게 보고한다.
- 객실사무장은 지상직원에게 좌석 재배정을 요청한다.
- 좌석 여유가 있는 경우, 나중에 탑승한 승객을 선호좌석으로 재배정한다.
- 담당승무원은 재배정한 좌석으로 승객을 안내한다.

④ 초과 휴대수하물 처리

- 승객 탑승 중 초과 휴대수하물 발견 시 운송직원의 도움을 받아 승객의 최종 목적지까지 일반화물로 보내도록 조치한다.
- 현금이나 중요서류 등은 승객이 꺼내어 소지하도록 하고, 깨지기 쉬운 수하물은 승객의 서명을 받은 후 'Fragile Tag'을 부착하도록 한다.

⑤ 비상구 좌석 착석 승객

- 비상구 좌석 승객은 발권 시 발권직원의 비상구 좌석에 대한 안내를 받고 탑승하나, 객실 담당승무원은 비상구 좌석에 배정된 승객의 적절성 여부를 Push Back 이전에 확인하여야 한다.
- 비상구 좌석에 착석한 승객은 비상시 승무원과 함께 다른 승객의 탈출을 돕도록 되어 있다. 따라서 노약자나 어린이보다는 승무원, 항공사 직원, 건장한 남자 위주로 좌석 배정을 하도록 한다.

5) 입항서류 인수인계Ship Pouch

객실사무장은 운항에 필요한 서류(여객 및 화물운송 관련 Document, Flight Coupon 등)를 지상직원으로부터 인수하고, 도착지 입국에 필요한 입국카드, 세관신고서, 검역신고서 탑재 여부와 탑재량을 최종 확인하여야 한다. 운항에 필요한 서류는 GDGeneral Declaration, PMPassenger Manifest, CMCargo Manifest 등이 있다.

탑승 시 환자승객에게는 병약 정도가 중할 경우, 의사의 진료기록과 환자서약서 등을 전달받아야 하며, 모든 승객에 대한 서비스 정보를 확인할 수 있는 S.H.RSpecial Handling Request을 지상직원에게서 전달받아 서비스 시 적극 활용한다.

6) 항공기 Door Close

객실사무장은 모든 승객의 탑승 및 운항에 필요한 서류 및 서비스물품의 탑재가 완료되고, 모든 휴대물의 정위치 보관과 Overhead Bin 닫힘 상태를 재확인하며 지상직원에게 Door Close 준비완료를 통보한다.

객실사무장은 기장에게 탑승객수와 객실 준비상황을 알리고 Door Close 여부를 확인한 후, 기장의 허락 하에 Door Close를 한다. Door Close 직후 PA를 통해 "Cabin Crew! Door Side Stand by! Safety Check!"이라고 방송을 하여 Slide Mode를 팽창 위치로 옮기도록 지시한다. 모든 항공기 Door의 Slide Mode가 팽창 위치로 변환되었으면 환영인사가 이어지도록 조치한다.

7) Safety Check

Safety Check은 항공기가 지상이동을 위해 객실 준비상태를 점검하기 위한 것으로, 객실사무장은 Door Close 직후 PA를 통해 "Cabin Crew! Door Side Stand by! Safety Check!"이라고 방송을 하여 Slide Mode를 팽창위치로 옮기도록 지시한다. 객실사무장은 All Attendant Call을 이용하여 모든 항공기 Door의 Slide Mode가 팽창위치임을 전 승무원들로부터 보고받는다.

(1) Slide Mode

항공기 Door에 장착되어 있는 Escape Device, 즉 탈출미끄럼대Slide / Raft가 Door 개방 시 자동적으로 팽창하는지의 여부를 정하는 것으로, 팽창위치Armed Position, Automatic Position와 정상위치Disarmed Position, Manual Position로 구분된다.

도어Door에 장착된 Slide Mode를 변경하는 레버Lever를 정상위치로 옮겨둔 경우, 항공기 도어를 오픈Open하여도 Slide가 팽창하지 않는다. 따라서 승객 탑승 시 혹은 기내물품 탑재를 위해 도어를 오픈할 경우에는 반드시 Slide Mode가 정상위치에 있는지 확인한다. 반대로, 비상사태 발생 시 Slide Mode가 팽창위치에 있는지 확인한 후에 도어를 오픈하여 신속한 승객 탈출이 이루어지도록 한다.

(2) Slide Mode 변경순서

① 객실사무장 PA

객실사무장은 항공기가 Step Car 혹은 Bridge로부터 분리될 때 PA로 Slide Mode 변경을 전 승무원에게 전달한다.

② Slide Mode 변경과 Slide Mode

객실승무원은 Slide Mode를 팽창위치로 변경하고 반대편 승무원과 상호 확인한다. 이때 엄지손가락으로 변경된 레버를 가리켜 Cross Check한다.

③ All Attendant Call로 확인

객실사무장은 Slide Mode 변경이 완료되었는지 All Attendant Call을 하고, L-Side 승무원이 R-Side 승무원을 통합하여 Call에 응답한다.(예 : "L5 Safety Check 했습니다!") 그리고 이때 Slide Mode 변경사실을 알리는 것은 담당 Zone의 Push Back 준비가 완료되었음을 의미하는 것이다.

항공기 접안을 위한 Bridge

8) Push Back 준비완료

객실사무장은 객실 준비사항을 재확인 한 후 기장에게 Push Back 준비완료를 구두로 보고하거나 Handset의 'Cabin Ready' 기능으로 보고할 수도 있다.

- 승객좌석 점검 : 좌석착석 및 좌석벨트 착용 상태
- 객실점검 : 휴대수하물 정위치 보관, Overhead Bin 닫힘 상태, Aisle Clear 상태 확인, 비상구 좌석 착석 상태
- Galley 점검 : Cart 및 Compartment 고정 상태
- 모든 Door의 닫힘 상태와 Slide Mode 변경 여부

9) Welcome 방송 / 환영인사

Safety Check 직후 방송 담당자가 실시하며, 객실승무원은 담당 Zone 전방에 대기하여 Welcome 방송 첫 인사말에 맞추어 승객을 향하여 정중례(45도)를 한다.

10) 안전업무

(1) Safety Demonstration

① Safety Demonstration 규정

- Safety Demonstration은 Welcome 방송에 이어 스크린Screen과 개인용 모니터Monitor를 통해 비디오를 상영하나, 기기고장 등으로 상영이 불가한 경우 방송담당승무원의 육성방송에 맞추어 객실승무원이 직접 실연으로 Safety Demo를 실시한다. Demo 실연 시 실연자의 위치 및 방송담당자의 위치는 기종별로 정해진 규정에 따른다.
- Film으로 Demo 상영 시는 객실조명을 Dim 상태로 조절하고, 승무원이 실연하는 경우는 Full Bright로 하여 Demo가 효과적으로 전달되도록 한다.
- 객실구조상 Demo를 볼 수 없는 좌석에 착석한 승객이나 UM, 노약자, 장애승객 등 비상탈출 시 도움이 필요한 승객에게는 개별 브리핑을 실시해야 한다.
- Safety Demonstration은 항공 규정에 의한 의무사항이므로 반드시 이륙 전 실시하여야 하며, 이륙이 이루어지는 모든 구간에서 실시한다.

② Safety Demonstration 상영 및 실연 시 요령

- Safety Demonstration이 상영 중인 경우에는, 승무원은 Jump Seat이나 주변의 Side Wall에 비켜서서 상영 중인 Screen 등이 가려지는 일이 없도록 하여야 한다.
- 승무원이 직접 실연할 경우, 지정된 위치에서 안전 관련 내용이 잘 전달될 수 있도록 정확하고 절도 있는 동작으로 실시한다.
- 실연이 끝난 후 Life Vest를 착용한 채로 담당구역별로 승객의 벨트착용 및 안전점검을 실시한다.

Safety Demonstration 실시 내용

Safety Demonstration은 구명장비의 위치와 사용법에 대한 설명으로 비상사태에 대비하기 위한 것이다.

- 좌석벨트 사용법
- 비상 탈출구 위치
- 구명복 위치 및 사용법
- 산소마스크 위치 및 사용법
- 금연 안내
- 전자기기 사용금지 안내

Safety Demonstration 일부 예

(2) 승객좌석 점검

- 모든 승객이 착석하여 좌석벨트를 착용하였는지 확인한다.
- 유아동반 승객이 Baby Bassinet을 이륙 전 사용한 경우 반드시 원위치하며, 유아는 보호자가 좌석벨트를 착용한 뒤 따로 감싸안도록 한다.
- 좌석 등받이, Arm Rest, Footrest, Tray Table, 개인용 모니터Monitor 등의 정위치를 확인한다.
- Retractable Monitor, Retractable Screen은 이·착륙 시 원위치 시킨다.

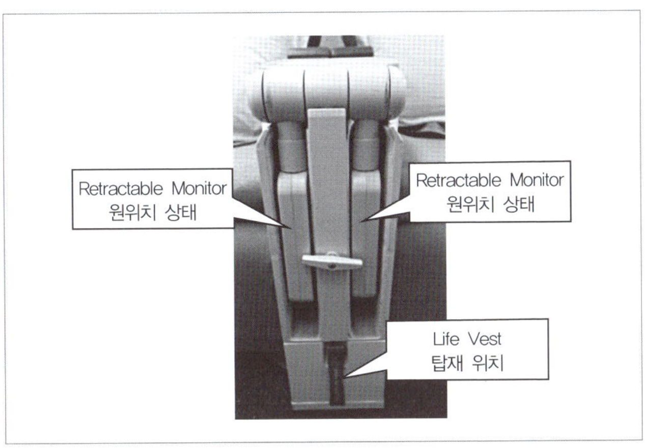

- Cabin의 Overhead Bin 닫힘 상태를 재확인하고, 승객 휴대수하물이 정위치에 보관되었는지 확인한다.
- Cabin의 모든 Window Shade가 오픈Open 상태인지 확인한다.
- Bulkhead Seat(칸막이벽에 이어진 좌석)와 비상구 좌석에 휴대수하물 방치 여부를 확인한다.
- 승객들의 전자기기 사용금지 안내 및 확인을 한다.

(3) 객실 안전점검

- 비상시 승객들의 탈출에 방해가 되지 않도록 비상구 주변정리, Door Side 및 Aisle에 승객 휴대수하물 등이 놓여있지 않도록 한다.
- 화장실을 점검하여 승객의 사용 여부를 확인하고, 화장실 내 Compartment 닫힘 상태, 변기덮개의 닫힘 상태 등을 확인한다.

(4) Galley 안전점검

- Galley 내 모든 유동물을 고정하고 Compartment와 Cart의 고정 및 정위치 보관을 확인한다.
- Galley Curtain을 고정한다.

11) 30 Seconds Review

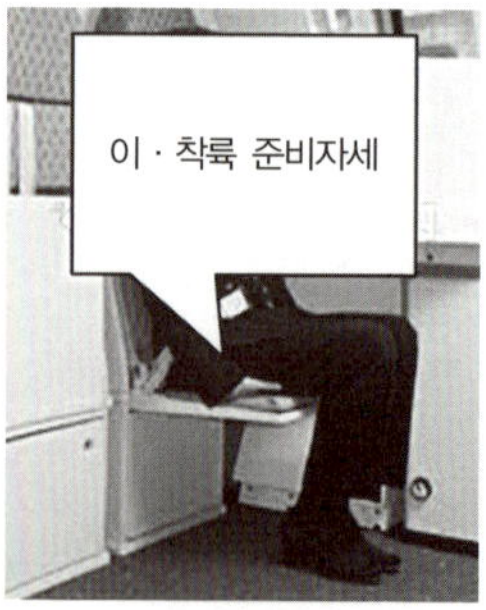

모든 승무원들은 안전관련 업무 종료 즉시 지정된 Jump Seat에 착석한 후, 좌석벨트와 Shoulder Harness를 착용하고 30 Seconds Review를 실시한다.

30 Seconds Review란, 항공기 이 · 착륙 시 객실승무원이 Jump Seat에 앉아있는 동안 현 단계에서 발생 가능한 비상사태를 가상하고 자신이 행할 행동절차를 약

30초 동안 구체적으로 리뷰Review하는 것을 말한다. 이때 승무원의 착석자세는 좌석벨트 및 Shoulder Harness를 착용하고 Jump Seat과 등 사이에 공간이 남지 않도록 바짝 기대어 앉고, 양손바닥이 위로 향하게 하여 허벅지 아래에 고정시킨다.

12) 객실사무장 추가 업무

- 객실사무장은 이와 같은 객실준비를 최종 확인하며, 이륙준비 완료 여부를 묻는 Take Off SignalFasten Seat Belt Sign / Chime 3회이 나오면 이륙 안내방송을 한다.
- 기장에게 인터폰 또는 Handset 기능을 이용하여 이륙준비 완료를 보고한다.
- 이륙 전 객실조명을 외부밝기에 맞도록 적절하게 조절한다. 따라서 야간 비행인 경우 각 Aisle 담당승무원은 이륙 전 객실점검 시 독서중인 승객에게 의향을 묻고 독서 등을 미리 켜주는 것이 필요하다.

【참조】 이 · 착륙 시 조명 조절
항공기의 사고는 이 · 착륙 시점에 발생하는 확률이 통계적으로 가장 높다. 만일의 경우, 항공기 비상사태가 발생하면 객실은 암전이 되며, 특히 야간비행인 때에 비상사태가 발생하여 외부로 탈출할 경우, 밝은 객실에 있다가 갑자기 깜깜해지면 시야가 적응을 못하여 아무것도 안 보일 수가 있어 탈출에 저해가 된다. 따라서 사고발생률이 가장 높은 이 · 착륙 시점에 기내조명을 약간 어둡게 조절하여 비상사태 시 시야 확보에 도움을 주어야 한다. 또한 기내 조명을 어둡게 조절함으로써 비상구 위치와 비상통로 등의 표시등이 더욱 두드러져 보이게 할 수가 있다.

【참조】 마(魔)의 11분간(Critical 11)
항공기 사고는 통계에 따르면, 이륙 후 3분과 착륙 전 8분을 합친 11분간에 집중되어 있어 사고의 70% 이상이 이 시점에 발생하는 것으로 밝혀졌다. 따라서 운항승무원을 비롯하여 전 승무원은 안전업무에 집중하여야 하며, 이 시점을 Critical 11이라고 한다.

【참조】 Sterile Cockpit의 개념
항공기가 지상을 이동하여 고도 10,000피트 이하에서 운항하는 시점을 '비행 중요단계(비행안전 취약단계라고도 한다)'로 규정하고 있으며, FAA 규정인 비행 중요단계(Critical Phases Flight)에서는 운항승무원의 업무에 방해가 되는 객실승무원의 어떠한 행위도 금지하고 있다. 단, 비정상 상황이 발생하여 안전에 필요하다고 판단이 되는 사안인 경우, 비행 중요단계에서도 연락을 취할 수 있다. 이러한 안전관리 개념을 일컬어 Sterile Cockpit이라고 한다.

Sterile Cockpit Rule의 시작

The Sterile Cockpit Rule is a regulation requiring pilots to refrain from non-essential activities during critical phases of flight, normally below 10,000 feet.
The FAA imposed the rule in 1981(and adopted by most regulatory bodies) after reviewing a series of accidents that were caused by flight crews who were distracted from their flying duties by engaging in non-essential conversations and activities during critical parts of the flight. One such notable accident was Eastern Air Lines Flight 212, which crashed just short of the runway at Charlotte / Douglas International Airport in 1974 while conducting an instrument approach in dense fog. The National Transportation Safety Board (NTSB) concluded that a probable cause of the accident was distraction due to idle chatter among the flight crew during the approach phase of the flight.

출처 : Wikipedia, the free encyclopedia

① CRMCrew Resource Management

Critical 11과 비행 중요단계에 대한 이해를 바탕으로 더욱 중요하게 부각되는 개념이 CRMCrew Resource Management이다. 이는 승무원 자원관리로 해석되며, 항공기 안전사고의 가능성을 없애기 위해서는 운항승무원과 객실승무원 간의 업무이해와 긴밀한 협조가 절대적으로 필요하며, 이러한 인식을 토대로 각 항공사에서는 전 승무원을 대상으로 CRM 훈련을 매년 실시하고 있다.

03 이륙 후 업무

식사서비스가 2회 이루어지는 중장거리 비행의 서비스 흐름은 다음과 같다.

- Seat Belt Sign Off
- Seat Belt 상시착용 안내방송 / 객실조명 조절
- 객실점검 / 화장실 점검
- 신문 & Headphone
- Child Giveaway 제공
- 1st Meal 서비스
  - Towel
  - Beverage
  - Meal Tray
  - Wine
  - Coffee / Tea
  - Meal Tray 회수
- Galley, 객실 정리
- 입국서류 배포 및 작성 협조
- 면세품 판매
- 객실조명 조절
- 승객 휴식
- Walk Around
- 2nd Meal 서비스 준비
- 2nd Meal 서비스
  - Towel
  - Beverage

- Meal Tray
- Water
- Coffee / Tea
- Meal Tray 회수

- Galley, 객실 정리
- 착륙 준비

1) 객실점검

(1) Seat Belt 상시착용 안내방송 / 객실조명 조절

항공기가 이륙하여 안전고도에 이르면, Seat Belt Sign이 Off 되면 방송담당자는 Seat Belt 상시 착용 안내방송을 실시한다.(예: "손님 여러분! 방금 좌석벨트 사인이 꺼졌습니다. 그러나 갑작스러운 기류변화에 대비하여 자리에 앉아 계실 때에는 항상 좌석벨트를 매 주시기 바랍니다.")

객실사무장은 Seat Belt Sign이 Off 되면 이륙 시 어두운 상태로 조절하였던 객실의 조명을 적절하게 조정한다.

- 객실의 조명은 서비스 내용 및 서비스 시간대에 따라 적절히 조절한다.
- 일반적으로 항공기 도착 전이나 식사서비스를 시작하는 시점에는 객실조명을 Full Bright로 조절한다.
- 조도를 조절할 경우, 승객의 조도적응을 위해 단계적으로 시간을 두고 한다.
- 식사서비스 중이라 하더라도 시간대를 고려하여 Dim 또는 Medium으로 조절할 수 있다.
- 상위클래스의 경우 개별서비스로 식사서비스가 이루어지는 경우, 객실조명을 Full Bright로 조절하지 않는다.
- 그 외에 승객 휴식 중에는 객실조명을 어둡게 유지한다.

- Turbulence 발생 시 객실조명이 Off되어 있을 경우, 좌석벨트 착용 확인을 용이하게 하기 위하여 필요 시 Dim으로 조절한다.

(2) 화장실 점검

Aisle 담당승무원은 객실 내 승객들의 불편이 없도록 살펴보고, 화장실을 점검하여 이륙 시 서비스용품들이 흩어지지 않았는지 확인한다.

(3) ISPSIn Seat Power Service 안내

ISPS는 VCCVideo Control Center에 장착된 ISPS 전원 스위치가 On되어 있어야 작동하며, 승객좌석 하단에 설치된 ISPS 표시기가 녹색임을 확인한다. 기종별로 ISPS 설치 위치를 사전에 파악하여 승객이 문의 시 정확한 안내를 할 수 있어야 한다.

2) 신문 & Headphone

카트Cart를 이용하여 Headphone을 담당 승객수 만큼 준비하고, 중간에 신문을 준비한다. 승객수가 좌석수의 50% 미만인 경우는 Large Tray를 준비하여 서비스할 수 있다. 서비스하고 남은 신문은 잡지 Rack에 제호가 보이도록 꽂아 정리한다. 비행시간이 3시간 미만의 단거리에서는 Headphone 대신 Earphone서비스를 하며 Earphone은 도착 전 회수하지 않고 Giveaway 개념으로 서비스한다.

3) Child Giveaway 서비스

신문서비스를 위해 준비한 카트Cart 하단에 Child Giveaway를 Large Tray에 담아 어린이 승객에게 환영의 말과 함께 개별서비스 한다. 일부 항공사의 경우, 일반석 전 승객에게 Amenity Kit을 서비스하고 있으며, Amenity Kit의 내용물은 일회용 칫솔 세트, 양말, 안내, Kit Bag으로 구성되어 있다.

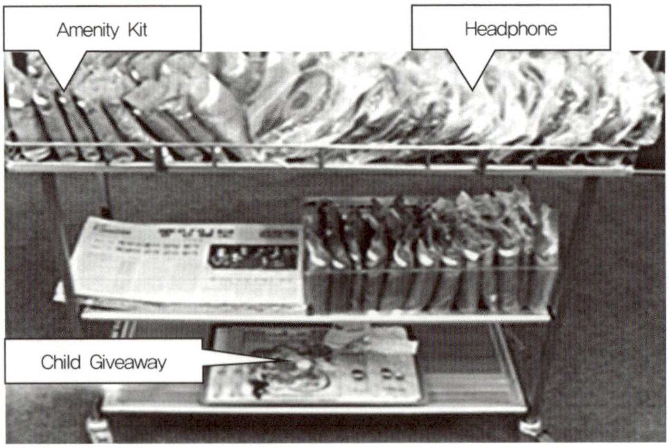

4) Galley 브리핑

각 Zone별 담당승무원이 신문과 Headphone 서비스를 마치고, 식사서비스를 위해 Galley에 모이면 Galley 브리핑을 실시하며, 이때에도 Aisle에 공백이 생기지 않도록 일부 승무원은 승객 가시권 내에 잔류하도록 한다.

Galley 브리핑은 타월Towel 서비스 시작 전에 각 구역별 Galley에서 서비스가 순조롭게 진행될 수 있도록 정보를 공유하고 계획을 세우는 것으로서, 이때 S.H.R을 적극 활용하게 되며 상위클래스에서는 해당 Senior가, EY / CL에서는 Galley Duty가 주관하여 실시한다.

Galley 브리핑 내용은 다음과 같다.

- 탑승객에 대한 정보(VIP, 환자승객, 도움이 필요한 승객, UM, 특별식 주문승객 등 S.H.R 상에 기재된 좌석번호와 주문승객이 일치하는지 상호 확인과 주의점 공유)
- Meal 내용, 탑재량(브리핑 자료에 기재된 식사 내역과 일치하는지, 승객 현황에 따라 식사 선택Choice 등에 문제가 발생할 경우 해결책 논의, Meal Cart

탑재 위치 등 정보 공유)

- 서비스 특이사항(예 : 동남아 노선에 아이스크림이 서비스되는 경우, 적절한 시점에 해동을 시작하여야 하며, 식사 타입Type에 따라 Hot Beverage를 신속히 제공해야 하기도 하고, Turbulence가 예상되는 경우 서비스 시간을 최소화하는 등 상황에 맞는 서비스 전략을 세워야 한다.)
- 서비스 진행요령(일반석과 비즈니스석은 2nd 서비스 시 역방향 서비스를 하여, 식사를 기다리는 시간을 최소화하고 Meal Choice에 대한 불만을 줄인다.

5) Towel 서비스

노선과 식사 타입Type에 따라 Cotton Towel과 Refreshing Towel을 서비스한다.

(1) Cotton Towel

① 서비스 준비

- Cotton Towel은 오븐을 이용해서 뜨겁게 Heating한다.
- Heating된 타월Towel은 Basket에 적당량 담아 Eau De Toilette을 뿌린다.
- 서비스 전 온도, 습도, 냄새 등을 확인한다.

Cotton Towel

지상에서 탑재된 상태를 확인하여 냄새와 습도 정도를 확인하여 악취나 심한 소독약 냄새가 나는 경우 교체하여야 하며, 습도가 너무 적은 경우 Heating 전 물을 적당히 부어 Heating한다.

② 서비스 방법

- 각 기종별로 정해진 Service Flow에 따라 담당 Zone별로 서비스한다.
- 한 손은 손바닥을 위로 하여 Towel Basket의 아래 부분을 받치고, 다른 손으로 Towel Tons를 이용하여 타월이 둥글게 말아진 형태로 서비스한다.
- Towel Tong을 사용하지 않을 때에는 Towel Basket 아래 부분에 위치하도록 한다.
- 서비스 시 뜨거운 타월로 인해 승객이 화상을 입지 않도록 안내한다.
- 회수 시에는 승객이 직접 Towel Basket에 담을 수 있도록 유도하며 승객이 담아주지 않는 경우 Towel Tong을 이용하여 회수한다.
- Towel Basket에는 적정량만을 담아 2~3회 반복 회수한다.
- 회수된 타월Towel은 기내 장착된 회수용 Can에 넣거나 회수용 Vinyl Bag에 담아 보관한다.

(2) Refreshing Towel

① 서비스 준비

- Refreshing Towel은 Chilling하지 않고 탑재된 상태 그대로 준비하며 준비 시 Towel의 변질상태를 확인한다.
- Refreshing Towel도 Basket에 Zone의 승객수 만큼 적당량을 가지런히 담아 준비한다.

② 서비스 방법

- 정해진 Service Flow에 따라 제공하며, 손으로 하나씩 집어 한 분 한 분께 서비스한다.
- 회수 시에는 승객이 직접 바스켓Basket에 담을 수 있도록 유도한다.

6) Beverage 서비스

식사 전에 식욕을 돋우는 역할을 하는 음료를 Aperitif라고 하며, 항공기에서 제공되는 식사 타입에 따라 Aperitif 서비스 방법에 차이가 있다. 아침식사가 제공되기 전의 Aperitif는 Hot Beverage를 함께 준비하며, Aperitif 서비스 방법은 Tray를 이용하여 Galley에서 각종 음료를 미리 준비하여 서비스하는 방법과, Liquor Cart를 이용하여 승객에게 직접 주문을 받아 제공하는 방법이 있다.

(1) Liquor Cart를 이용한 Aperitif

Liquor Cart는 맥주, Liquor, 각종 주스류, Mixer류, Soft Drink, Peanuts, 각종 소모품이 탑재된 카트Cart로 야간비행을 제외한 3시간 이상 장거리 비행에서 Aperitif 서비스를 위해 사용한다. 야간비행인 경우는 신속히 식사 및 음료서비스를 마치고 승객이 취침할 수 있도록 하기 위하여 트레이Tray를 이용한 Aperitif 서비스를 한다.

Liquor Cart의 구성은 다음과 같다.

- 상단 Drawer : Cocktail Napkin, Cocktail Pick, 1회용 Mustard, Ketchup, Tabasco, Toothpick
- 중단, 하단 앞 / 뒷면 : 각종 Beer, Juice류, Coke, Diet Coke, Sprite, Mixer류, Liquor류, Peanuts, Ice Bucket, Vinyl Bag

비행 중 Liquor Cart를 이용한 음료서비스 시 외에도 필요한 Item의 탑재 위치를 파악하여 승객서비스 시 신속하게 제공하도록 한다.

Breakfast를 제외한 경우의 Aperitif 차림

Breakfast 서비스 전 Aperitif 차림

① 서비스 준비

- 탑재된 Liquor Cart 상단에 투명 Drawer를 이용하여 각종 음료와 생수를 준비하고, 카트Cart 앞면과 뒷면에 음료서비스에 필요한 물품을 준비한다.
- 카트 앞면과 뒷면에 탑재된 음료를 적절히 옮겨두어 서비스 시 불필요한 동선을 없애고 신속히 음료준비가 될 수 있도록 Galley에서 정리한다.
- 탑재된 음료는 지상에서 Ice 또는 Dry Ice를 이용하여 차갑게 Chilling된 것을 준비한다.

적정서비스 온도

- White Wine : 6~12℃, Red Wine : 15~20℃, Beer : 4~6℃
- 상단에 준비한 음료들은 상품의 제호가 승객에게 바로 보일 수 있도록 정리한다.
- Plastic Cup을 적당량 Cart 상단에 준비하고 여유분은 Cart 내부에 준비한다.
- Ice Bucket에 얼음을 담아 Ice Tong과 함께 준비하여 Cart 내부의 앞 / 뒷면 Drawer에 준비한다.
- White Wine은 지상에서부터 차갑게 Chilling하여 두어야 하며, White Linen을 4절로 접어 와인서비스 시 사용할 수 있도록 준비한다.
- Lemon Slice는 Cocktail Pick을 꽂아 Plastic Cup에 담아 Cart 상단에 Muddler와 함께 준비하여 Cocktail 서비스 시 사용한다.
- 와인은 승객수에 맞게 적당량을 미리 오픈하여 Breathing 시킨다.

Wine Breathing

- 와인서비스 전 미리 코르크를 오픈함으로써 와인이 공기와 접촉하여 보관 중 생겨난 병 속의 이상한 맛과 거칠음이 순화되고 부드러워지는 것을 Wine Breathing이라고 한다.
- White Wine : 약 10~30분 정도
- Red Wine(Rose Wine, Beaujolais Nouveau) : 약 30분 정도

② 서비스 방법

- Liquor Cart를 Aisle로 이동시켜 준비된 음료를 승객에게 소개하며 주문을 받는다.
- Cocktail Napkin을 승객 Tray Table에 놓아드리고, Peanut은 승객의 의향을 물어 서비스하며 주문받은 음료를 드린다. 항공기 구조상 Tray Table에 직접 놓아드릴 수 없는 경우에 양해를 구하고 승객 손에 전달해 드릴 수 있다. 이럴 경우 음료를 안전하게 전달할 수 있도록 각별히 유의한다.
- Soft Drink는 얼음Ice을 담아 플라스틱컵Plastic Cup과 캔Can째 서비스한다.
- 모르는 칵테일을 주문받은 경우, 승객에게 양해를 구하고 제조법을 물어 제공하며, 재료가 없는 경우 다른 음료를 권유한다.

- 음료서비스는 서비스 흐름에 따라 2회 이상 충분히 리필Refill한다.

(2) Liquor Cart를 이용한 Aperitif : Breakfast인 경우

① 서비스 준비

- Liquor Cart를 이용한 Aperitif 서비스와 동일하나, Breakfast인 점을 감안하여 주류는 생략하며, 카트상단에 Cold & Hot Beverage용 서비스 Item을 준비하며 Ice Bucket과 Ice Tong은 카트 내부에 준비한다.
- Hot Beverage용 서비스 아이템은 각종 Tea Bag과 Muddler, 설탕, 크림, 인공 감미료를 세팅한 Muddler Box와 Tea 서비스를 위한 Hot Water를 담은 Pot 1개, Coffee를 담은 Pot 2개를 카트상단 양쪽에 각각 준비한다.
- Hot Beverage를 서비스하는 Pot은 Hot Water를 담아두어 Warming하며, 커피Coffee는 카트 차림이 마무리되는 시점에 Brew하여 신선한 커피가 서비스될 수 있도록 한다.
- Hot Beverage는 종이컵Paper Cup에 서비스하므로, 적당량의 종이컵을 카트 상단에 플라스틱컵Plastic Cup과 함께 준비한다.

② 서비스 방법

- Hot & Cold Beverage 위주로 서비스하며, 주류는 원하는 승객에게만 서비스한다.

(3) Serving Cart를 이용한 Aperitif

Serving Cart를 이용한 Aperitif는 Liquor Cart가 탑재되지 않은 노선에서 제공하거나, 2nd 식사서비스 전 휴식을 취하던 승객에게 신선한 분위기를 제공하고자 Hot Beverage를 준비하여 제공한다.

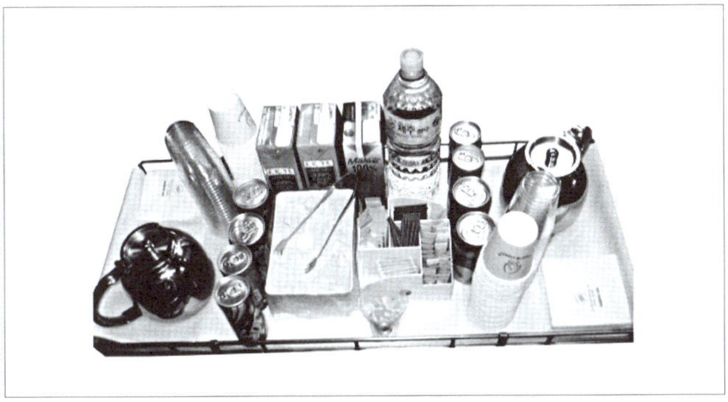

① 서비스 준비

카트Cart 상단에 매트를 깔고 각종 주스류, 생수, Hot Beverage Pot, Muddler Box, 플라스틱컵, 종이컵 등을 세팅하며 카트 중간에 여분의 음료와 컵 등을 준비한다.

② 서비스 방법

서비스 방법은 Liquor Cart를 이용한 Aperitif 서비스와 동일하다.

(4) Tray를 이용한 Aperitif

Welcome용 Aperitif가 아닌 경우, Nuts Basket을 생략하고 Beverage Tray만 제공한다. Tray를 이용한 음료서비스는 Aperitif 외에도 비행 중 승객 휴식 중 혹은 착륙 전 음료를 제공할 때 사용한다.

① 서비스 준비

- Zone별로 Bread Basket에 Nuts와 Cocktail Napkin을 적당히 준비한다.
- Large Tray에 플라스틱컵을 이용하여 각종 주스와 생수를 따르고, 한쪽에 Cocktail Napkin을 준비한다.

② 서비스 방법

- Nuts Basket을 먼저 들고나가 원하는 승객에게 서비스하고 Cocktail Napkin을 드린다.
- 이어서 준비한 음료 Tray를 들고나가 서비스하며, Cocktail Napkin이 세팅된 쪽이 승객을 향하도록 하여 승객이 음료 선택 후 직접 Napkin을 집을 수 있도록 한다.
- 준비되지 않은 음료는 Galley에서 별도로 준비하여 서비스한다.

음료서비스에서 차가운 음료는 차갑게, 뜨거운 음료는 뜨겁게 서비스 될 수 있도록 준비하며, Galley Duty는 Aisle Duty 승무원과 함께 Used Cup 회수를 돕고, Used Cup을 회수할 때는 반드시 승객에게 회수 여부와 Refill 여부를 확인한다.

7) Meal 서비스

(1) 서비스 준비

- Entrée는 종류별로 정해진 Heating 방법에 맞게 Heating한다.
- 서비스 흐름을 감안하여 Heating 종료시점을 조정하여 승객에게 최상의 상태로 서비스 될 수 있도록 한다.
- 탑재된 Entrée의 종류를 정확히 숙지하여 조리방법, Starch, 야채 종류 등 상세 내용을 파악한다.

- Meal Cart 내 Dry Ice는 승객 탑승 후 적정시점에 제거하여야 하며, 주위에 생겨나 물기는 Paper Towel로 닦아낸다.
- 음료서비스 종료시점을 감안하여 Entrée를 Setting하며 훼손된 Entrée Tin Foil은 완전히 제거한 후 새것으로 교환하여 세팅한다.
- Entrée Setting 시 소스가 흐르지 않도록 주의한다.
- Meal Tray의 내용물이 흐트러지면 원위치로 가지런히 정리하며 세팅한다.
- 투명 Drawer를 이용하여 White Wine, Red Wine, Wine Linen, 소금, 후추, 오렌지주스, 생수, 플라스틱컵, 고추장, 서비스 Tag 등 필요한 Item을 준비한다. Breakfast 서비스 시 계란요리와 오믈렛 등이 서비스되는 경우 Ketchup, Mustard를 추가로 준비한다.
- Bread가 Bulk로 탑재된 경우, 오븐을 이용하여 Heating 기준에 맞춰 Heating하며, 이때 한 오븐에 적당량의 Bread를 Heating하여 Bread 모양이 눌리거나 하지 않도록 주의한다.
- Bread가 Bulk로 탑재된 경우, Bread Basket에 Linen을 깔고 Bread Tong을 함께 준비한다.
- Heating한 Bread를 Bread Basket에 담아 카트상단에 준비한다.
- 한식서비스에 따른 국서비스가 있는 경우, Pot을 이용하여 Hot Water를 담아 카트상단에 준비한다.
- Air Chiller가 작동 중인 Compartment는 Entrée Setting 시점에 미리 Off하여 둔다.

(2) 서비스 방법

- Aperitif 서비스가 종료된 후 Used Cup을 회수하고, 통로Aisle를 정리한 후 담당 Zone별로 정해진 Service Flow에 따라 서비스한다.
- Meal Tray를 제공할 때는 승객의 Tray Table을 펴고, 식사 종류를 설명하고 주문을 받는다.

- Entrée가 승객 앞쪽으로 놓이도록 제공한다.
- Bread를 별도로 제공해야 하는 경우, Meal Tray 제공 후 곧바로 이어 서비스한다.
- 한식국용 뜨거운 물과 와인도 Meal Tray 제공 후 곧바로 이어 서비스한다. 한식국용 뜨거운 물은 물을 부어 직접 Tray에 놓아드리나, 안쪽이나 창측 승객의 경우 의향을 물어 미리 물을 부어 Meal Tray와 함께 서비스할 수도 있다.
- 와인 서비스 시 Wine Linen을 한 손에 준비하여 와인을 따른 후 병 입에 맺힌 와인방울을 닦는다.
- 외국인에게 한식을 서비스하는 경우, 취식방법을 간략히 설명한다.
- Entrée의 종류에 따라 필요한 소스류를 서비스한다.
- Meal Tray는 승객의 머리 위로 전달하지 않고 안쪽 승객부터 서비스한다.

8) Water & Wine Refill

Meal Tray 서비스가 끝나면 Meal Cart를 Galley에 정해진 위치에 보관하고, 생수와 와인을 리필Refill 서비스한다.

9) Hot Beverage 서비스

(1) 서비스 준비

- 신선한 커피가 제공될 수 있도록 서비스 직전 Brew가 종료될 수 있도록 준비하며 온도, 농도, 커피팩Coffee Pack의 파기 여부 등을 확인한다.
- Pot은 청결상태를 확인하고 뜨거운 물로 Warming하여 둔다.
- Small Tray를 이용하여 Hot Beverage용 서비스 Item을 준비한다.

(2) 서비스 방법

- 승객이 커피를 원하는 경우, 커피컵Coffee Cup을 Small Tray에 올려놓도록 하고 필요한 Item을 권유하여 집도록 한다.
- 승객이 Tea를 원하는 경우, 커피서비스와 동일하게 컵을 Small Tray 위에 올리게 하여 뜨거운 물을 따라주고 Black Tea, Green Tea, Lemon, Sugar, Cream 등을 집도록 유도한다.
- 승객에게 Small Tray를 이용하여 Hot Beverage를 제공하는 경우, Small Tray를 낮추어 승객이 컵과 Tea Bag 등을 잡기 편하도록 배려한다.

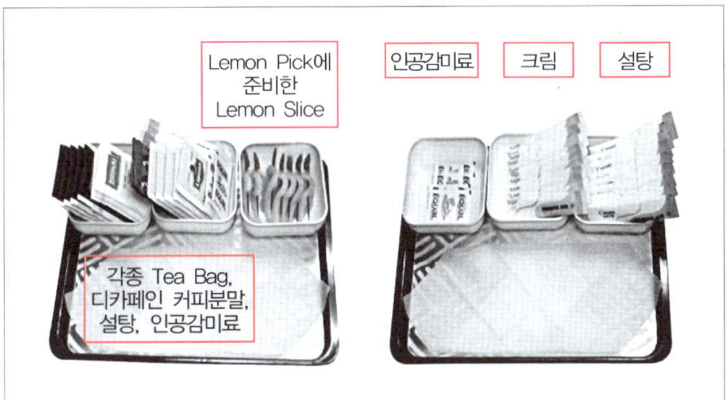

Tea 서비스용(좌) / Coffee 서비스용(우)

10) Meal Tray 회수

(1) 서비스 준비

- Meal Cart 상단 투명 Drawer에 생수, 주스, 플라스틱컵, Cocktail Napkin을 준비한다.
- Hot Towel 혹은 Paper Towel 등을 준비하여 회수 시 승객 Tray Table을 닦는 용도로 사용한다.

(2) 서비스 방법

- 식사를 빨리 끝내신 승객은 개별적으로 Meal Tray를 회수한다.
- 식사를 끝내고 Hot Beverage를 계속 드시는 승객은 Meal Tray 회수 후 Cocktail Napkin을 컵에 받쳐드린다.
- Meal Tray 회수 시 승객 Tray Table이 깨끗하지 않은 경우, 준비한 Paper Towel 등으로 닦아드린다.
- Meal Tray는 Cart 상단부터 집어넣는다.

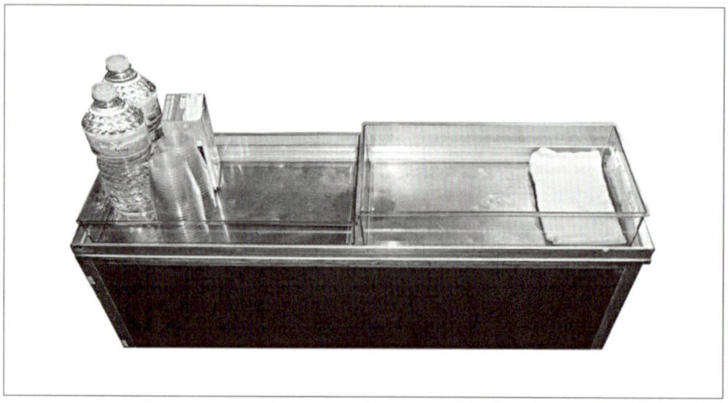

회수용 Cart 차림의 예

11) Meal 서비스 후 정리 업무

- 담당 Zone별로 승객 좌석 주변과 Aisle 등의 이물질, Vinyl 등을 정리한다.
- Magazine Rack을 비롯하여 Cabin 전체를 돌아보고 쾌적한 환경이 될 수 있도록 정리한다.
- 화장실 내 청결상태와 부족한 비품이 있는지 등을 확인한다.
- Galley 정리정돈과 Trash Can, Trash Compactor 정리, 기물 정리 등을 한다.

12) 입국서류 배포 및 작성 협조

- 담당구역별로 승객의 도착지 입국에 필요한 서류를 배포하고 작성에 협조한다. 특히 UM, 노약자 등 도움이 필요한 승객들의 서류 작성에 적극 협조한다.
- 도착지 국가의 출입국 규정을 숙지하여 정확히 안내한다.
- 배포한 서류는 도착 전 다시 한 번 확인하여 서류소지 여부와 작성 여부를 재확인한다.
- TWOV 승객 서류는 TWOV로 통과하는 해당국의 마지막 기항지(寄港地 : 항로 중인 비행기가 목적지로 가는 도중에 잠시 들르는 공항) 출발 후 돌려준다.
- 일반적으로 서류는 입국서류와 세관신고서가 있다.

13) 면세품 판매

국제선 탑승객에 대한 기내서비스 일환으로 세계 유명상품의 면세상품을 기내에서 판매하는 업무로, 기내면세품 판매를 전담으로 하는 승무원이 별도 탑승하는 경우도 있다. 판매대금과 물품잔량 등이 정확히 인수인계되어야 하는 만큼 모든 승무원의 협조가 요구되는 업무이다.

- 담당승무원은 출발 시 판매대금 수납창구에서 기내판매 잔돈(다양한 종류의 화폐로 준비), 승무원용 면세품 가격표 카탈로그, Sales Money Bag 등을 수령한다.
- 담당승무원은 판매 당일 적용환율 및 기내판매에 관한 지시 및 공지사항을 확인한다.
- 탑승 후에는 담당 종업원으로부터 판매품목을 인수하고 POS시스템 장비와 Shopping Bag 등 판매에 필요한 물품의 탑재를 확인한다.
- 기판품은 Seal To Seal 방식과 Item By Item 인수인계로 한다.
- 기내판매 시작은 해당편 서비스 절차에 따르고, Cart 판매 시 상위클래스

부터 시작한다.

- 기내판매 전 안내방송 또는 안내비디오를 상영하고, 기내조명은 Full Bright로 하되 야간비행인 경우 Dim 상태를 유지한다.
- 기내판매 종료는 Approaching 시점을 기준으로 마감하는 것이 원칙이며, 판매보고서 작성 및 판매대금 정리, 잔량조사 등을 감안하여 종료시점을 조정할 수 있다.
- 기내판매 시 만 19세 미만의 미성년 승객에게는 주류 판매는 하지 않는다.

Seal To Seal 방식이란?

물품 인수인계 시 Carry On Box나 Cart에 Seal을 하고 그 Seal의 번호를 확인하는 방식을 의미한다.

14) 승객 휴식 중 업무

(1) Class Divider Close

① Class Divider

- 각 클래스를 구분하는 기내설비를 의미하는 것으로 Curtain을 포함한다.
- 이/착륙 시에는 오픈Open하여 고정시킨다.
- 이륙 후 Fasten Seat Belt Sign이 Off되면 각 Class를 구분하는 Class Divider를 Close하여, 하위클래스에서 상위클래스로 승객들의 출입을 제한하며 가급적 상위클래스 승객이 하위클래스를 방문하도록 안내한다.
- 도착 전 Fasten Seat Belt Sign이 On되면 다시 오픈 고정시킨다.

② Galley Curtain

- Galley Curtain은 이 · 착륙 시와 Turbulence 발생 시 반드시 오픈상태로 고

정시켜야 한다.

- 승객 휴식 시 Galley 조명 사용의 경우 Close하며, 서비스 준비 시 소음에 주의하여야 한다.

③ Lavatory Curtain

- 이 · 착륙 시와 Turbulence 발생 시, 식음료서비스 시 반드시 오픈상태로 고정시켜야 한다.
- 승객휴식 시점에는 Close하여 화장실 및 이용승객의 노출을 최소화한다.

(2) 승객 영화관람 시 승객 케어Care

- 최신기종의 경우, IVS(개인용 비디오시스템) 이용이 가능하여 승객이 원하는 시점에 영화감상이 가능하여 별도의 영화상영 시점이 없으나, 식사 후 면세품 판매도 종료되고 대부분의 승객이 영화감상 및 휴식을 취하는 시점에 담당구역별로 조명을 조절한다.
- Window Shade Close를 위해 협조를 구하고 닫아드린다.
- 이륙 후 Headphone 서비스 시 원하지 않았던 승객이 재요구하는 경우와

불량 Headphone 발견 등이 있으므로 Headphone을 담당구역별로 소량 준비하여 재차 서비스한다.

- 도움을 원하는 승객에게 담당구역별로 IVS 사용에 대한 안내를 한다.

(3) Walk Around

- 담당구역을 정기적으로 15분마다 순회하며, 객실의 안전을 유지하고 쾌적함을 살피며 승객의 요구사항을 해결한다.
- 객실조명이 어두운 상태에서 Aisle을 지날 때 승객의 휴식을 방해하지 않도록 주의한다.
- 승객기호 등을 고려하여 Tray에 음료를 준비하여 개별 서비스한다.
- Galley 작업 시 소음이나 불빛이 새어나오지 않도록 유의한다.
- Door Side, 화장실, 객실 후방 등 안전 취약지역을 점검하여 갑작스런 환자 발생에 대비한다.
- Galley 주변, Door Side, 화장실 주변 등 불편함이 있을 수 있는 좌석의 승객에게 수시로 관심을 갖고 서비스한다.
- 신발을 벗고 타 승객에게 불편을 초래한다고 판단되는 경우 신발을 신도록 권유한다. 혹은 기내양말이나 슬리퍼를 착용하도록 한다.
- 취침승객에게는 베개, 담요 등의 사용을 도와주고, 스크린Screen 주위 승객에게는 Slumber Mask 사용을 권할 수 있다.
- 객실 내 항상 승객이 볼 수 있는 곳에서 대기하며 승객을 주시Watch한다.
- 승객의 호출에 즉각 응대하며 승객 요구사항을 잊지 않도록 메모지를 활용한다.
- 상위클래스 승무원은 해당 클래스 또는 설치된 바Bar 근처에서 대기하며, 일반석 승무원은 각 Zone 또는 화장실 근처 Jump Seat에서 대기한다.
- 기류변화가 예상되거나 발생하면 즉각적으로 방송하고 승객의 좌석 벨트 착용 상태를 확인하고 화장실 내 승객 유무를 확인한다.

객실조명

- 객실의 조명은 서비스 내용 및 서비스 시간대에 따라 적절히 조절하는 것으로, 일반적으로 항공기 도착 전이나 식사서비스를 시작하는 시점에는 객실조명을 Full Bright로 조절한다. 조도를 조절할 경우에는 승객의 조도적응을 위해 단계적으로 시간을 두고 조절한다.
- 또한 식사서비스 중이라 하더라도 시간대를 고려하여 Dim 또는 Medium으로 조절할 수 있으며, 상위클래스의 경우 개별서비스로 식사서비스가 이루어지는 경우 객실조명을 Full Bright로 조절하지 않는다.
- 그 외에 승객 휴식 중에는 객실조명을 어둡게 유지한다. 그러나 Turbulence 발생 시 객실조명이 Off되어 있을 경우, 좌석벨트 착용 확인을 용이하게 하기 위하여 필요 시 Dim으로 조절한다.

(4) Seat Belt 착용상태 확인

① 상시

- 비행 중 항상 좌석벨트를 착용하도록 안내한다.

② Turbulence 발생 시

- Turbulence 발생 시에는 즉각 안내방송을 하고 Cabin Light가 Night 상태인 경우 Dim으로 조절한다.
- 승객의 좌석벨트 착용 여부를 확인하며, 화장실 내 승객 유무를 확인하여 좌석으로 이동하도록 돕는다.
- 점검을 완료하는 대로 Jump Seat에 착석한다.

(5) 쾌적함 유지

- 객실 적정온도(24도±2)가 유지되도록 하며, 승객마다 적정온도에 차이가 있을 수 있으므로 Beverage, 담요 등을 서비스한다. 특히 창측, Door Side 승객들의 경우 타 구역에 비해 온도가 낮을 수 있음을 감안하여 세심한 배

려를 한다.

- 승객 휴면 시 Galley Curtain 사이로 불빛이 나오지 않도록 주의한다.
- Aisle, 화장실, Galley 주변을 수시로 점검하여 청결을 유지한다.
- 서비스 준비로 인하여 각종 소음이 발생하지 않도록 주의한다. 특히 카트Cart 이동 시, Galley 내 Compartment, Carry on Box 등의 Door 조작 시, Overhead Bin 열고 닫을 때 소음을 최소화 하며 승무원 간의 담소가 커튼Curtain 밖으로 새어나가지 않도록 한다.

(6) 화장실

- 화장실은 청결상태를 수시로 확인하고, 고장 여부와 서비스 부족물품을 보충한다.
- 화장실 문은 연 상태로 1회용 비닐장갑을 사용하여 점검한다.
- 화장실에 수시로 Air Freshener Spray한다.
- 모든 클래스의 화장실은 식사서비스 전 · 후 반드시 점검한다.
- 상위클래스는 승객 사용 직후 반드시 점검하여야 하며, 일반석 화장실은 적어도 30분 간격으로 점검한다.
- 고장이 난 화장실은 잠그고 Repair Tag을 부착하여 사용을 금지한다.

(7) Do Not Disturb 스티커

- 승객 좌석 앞 Pocket에 세팅되어 있는 것으로, 해당 승객이 직접 부착하거나 상황에 따라 관련 안내와 함께 승무원이 부착할 수 있다.
- 스티커 종류는 항공사별로 다를 수 있으나, 주로 Do Not Disturb, Please Wake Me For The Duty Free, Please Wake Me For Meals 등이 있다.
- 기내 Walk Around 시 위의 스티커 부착 여부를 확인하고, 관련정보 공유와 서비스 여부를 수시로 확인한다.

15) 승무원 휴식

- Crew Rest는 통상 비행시간이 8시간 이상인 경우 부여되며, 2개조로 편성하여 운영한다. 비행시간이 10시간 미만인 경우는 Rest Seat 또는 Bunk가 장착된 경우 Rest를 부여한다.
- Crew Rest 중에는 승무원 신분이 노출되지 않도록 하며, 근무조는 Rest조 승무원의 담당구역에 공백이 없도록 승객서비스와 안전업무에 만전을 기해야 한다.
- Rest가 끝난 승무원은 자신의 용모를 점검하고 정해진 근무시간에 늦지 않게 합류한다.

Crew Rest Area(Bunk) 사용 시 유의사항

- Crew Rest Area의 Door는 항상 Close한다.
- Crew Rest Area 사용 중 Fasten Seat Belt Sign이 On되면 반드시 벨트를 착용한다.
- 사용 후 담요와 베개 등은 정돈하여 원위치에 보관한다.

16) 2nd Meal 서비스

- 서비스에 필요한 카트Cart와 Entrée를 각 Zone별로 분산 이동시킨다.
- 적정시점에 냉동되어 탑재된 Entrée를 해동시키고 Heating 완료시점을 고려하여 Heating을 시작한다.
- 1st Meal서비스와 반대방향으로 서비스하여 승객들 서비스 대기시간과 Meal Choice에 균형을 맞춘다.
- Bulk로 탑재된 Bread는 Bread Basket과 Tongs를 준비하고, 서비스 직전

Heating이 끝난 Bread를 Bread Basket에 적당히 담아 Meal Cart 위에 올려 승객에게 개별서비스 한다.

- 서비스 순서는 'Towel → Aperitif → Meal Tray → Water → Hot Beverage → 회수'로 진행한다.

17) 도착에 필요한 서류작성

(1) 면세품 판매대장

Out Bound Flight에서는 교대팀에게 인수하는 것으로, POS상에서 출력한 면세품목 당 탑재량, 판매량, 재고량과 판매 총 수입액이 기재된 Slip을 의미한다. 도착 전 최종 Slip을 여러 장 출력하여 Sales Money Bag과 함께 교대팀에게 전달하며, 또한 사무장에게 전달하여 도착 후 지상직원에게 인계될 수 있도록 한다.

(2) 서비스용품 재고조사Inventory List

① Dry Item Inventory

Dry Item Inventory는 탑재된 서비스물품의 잔량을 파악하기 위하여 작성하는 것으로, Dry Item Inventory List에는 소모품의 종류와 재고량, 주문량을 기재하는 형식으로 되어 있다. 특히, Dry Item Inventory List를 참고로 해외 Station에서 교대팀이 소모품의 추가 주문을 하므로, 정확한 수량을 기재하는 것이 중요하다. 그러나 점차 해외에서 소모품 추가 주문은 Standard Order(추가 주문량의 평균을 파악하여 정해진 수량을 현지 탑재하는 방식) 방식으로 이루어지고 있어 Dry Item Inventory List 작성이 생략되기도 한다.

② Liquor Inventory

미국과 영국 등 특정 나라에서는 주류에 대한 물품목록Inventory 현황을 정확히 요구하고 있다. 기내에서 서비스되는 주류는 면세품이므로, 기내 밖으로 반출되는 것을 방지하기 위해 Liquor Inventory를 요구하고 있으며, 이에 따라 모든 클래스에 남은 주류의 양을 파악하여 리스트List를 여러 장 작성하여 일부는 Liquor Cart에 넣고, 일부는 사무장에게 별도 제출하여야 한다. 이는 해당국가의 세관 규정이므로 반드시 도착 전 시행하여야 한다.

Inventory List 작성 시 유의점

출발 전 관련서류를 사무실에서 충분량 준비하여 비행에 임하여야 하며, 비행 중 List 작성은 미리 서둘러 하지 않는 것이 좋다. Inventory List는 서비스 후 잔량을 조사하는 것이므로 2nd 서비스가 종료된 후에 정확히 정리한다. 또한 Inventory 작업 도중 소음이 Galley 밖으로 새어나가지 않도록 주의하고, 너무 장시간 소모하여 승객서비스에 차질이 생기지 않아야 한다.

(3) 기내접수 서류

비행 중 승객으로부터 접수된 각종서류는 분실되거나 훼손되지 않도록 각별히 유의하여야 한다.

① 기내우편

기내에서 제공되는 엽서를 사용한 것으로, 당사부담으로 발송 서비스하고 있으며 접수 즉시 사무장에게 전달될 수 있도록 한다.

② 서비스 제언 편지

승객으로부터 접수된 고객 제언은 서비스에 대한 객관적인 평가를 받고 문제점을 개선함으로써 서비스의 질을 높이기 위한 제도이므로, 승객요구 시 적극적으로 기재에 협조한다.

③ 마일리지 가입 신청서

기내에서 작성을 원하는 승객에게 가입 신청서를 제공하며 접수 후 날짜와 편명, 가입승객의 인적사항을 확인하여 사무장에게 전달한다.

④ 그 밖의 서류

Cleaning Coupon이란, 기내에서 취급되는 서류 중 하나인 Cleaning Coupon은 Turbulence나 객실승무원의 실수로 승객의 의복이 오염되거나 훼손되었을 경우 사무장이 발급하는 Coupon이다. Coupon은 사무장이 소지하며, 발급 후 상황을 도착지에 알릴 수 있도록 Cockpit에 협조를 요청한다. 하기 시 Cleaning Coupon이 발급된 승객을 도착지 직원에게 인계하고, Coupon 발급사항을 전달하여 승객의 불편이 최소화되도록 협조한다.

04 착륙 전 업무

기장 도착 안내방송 ←
- Headphone 회수 및 정위치 보관
- 잡지 회수 및 보관
- 입국서류 작성 재확인

Approaching Signal 후 ←
- Approaching 방송 실시
- 미 회수된 서비스 Item 회수
- 기내판매 종료
- 승객 보관물품 반환(의복)
- 좌석 주변정리
- Galley 내 유동물 보관상태 점검
- Special Care 승객 착륙준비 협조
- Inventory List 최종 확인 / Sealing 상태 확인
- 항공기 입항서류 확인(사무장)

Landing Signal 후 ←
- Landing 방송 실시
- 최종 객실 안전점검
- 객실조명 Dim 조절
- 승무원 착석 / 30 Second Review

1) 기장 도착 안내방송 이후

기장의 도착 안내방송이 나오면 다음의 업무를 실시한다.

(1) Headphone 회수 및 정위치 보관

- 기장의 도착 안내방송이 끝난 후 Headphone 회수 안내방송을 실시한다.
- Serving Cart를 이용하여 Zone별로 Headphone을 회수하고, 기내잡지 등도 함께 수거한다.

(2) 잡지 회수 및 정위치 보관

- Magazine Rack에 세팅Setting한 잡지 등을 모두 수거하여 보관용 가방에 넣은 후 밀봉한다.

(3) 입국서류 작성 재확인

- Headphone 회수 후 담당 Zone별로 승객의 입국서류 작성 여부와 소지 여부를 최종 확인한다.

2) Approaching Signal 이후

Approaching Signal(기장이 신호를 주며 통상 20,000피트 지점)이 나오면 다음과 같은 준비를 한다. Approaching Signal은 Fasten Seat Belt Sign 3회 점멸 후 Off한다.

(1) 방송

방송 담당자는 Approaching 방송 및 기타 안내방송을 한다. 경유지 공항 관련 방송 및 연결편 안내방송 등 도착 안내방송을 한다.

(2) 객실점검

도착을 위한 안전점검과 서비스를 마무리하는 업무로, 이륙시점의 준비사항과 동일하다.

- 미 회수된 서비스 Item 회수
- 기내판매 종료
- Jacket 및 Coat 등 보관 의뢰물품 반환
- Galley 내 유동물 고정 및 정리
- 기용품 정리, Inventory List 최종 확인, Seal이 필요한 Item의 Sealing 상태 확인
- 교대팀에게 전달이 필요한 내용 기록하여 전달
- Special Passenger에게 착륙준비에 도움
- 주요 승객에 대한 도착안내와 Farewell 인사

(3) 그 밖의 추가 업무

- 사무장
  - 항공기 입항서류 작성을 확인
  - 중요 승객에 대한 도착안내 및 Farewell 인사
  - 특별한 배려가 필요한 승객에게 Personal Touch(환자 승객, 연결편 승객, 불만 승객 등)

- 부사무장
  - Video Tape 원위치 보관
  - Insecticide Aerosol 살포(해당 Station)
  - 각 Zone별 특이사항 취합 후 사무장 보고
  - Liquor 및 기판품 Seal 확인

3) Landing Signal 이후

Landing Signal(기장이 신호를 주며 통상 10,000피트 지점)이 나오면 다음과 같은 착륙 준비를 한다. Landing Signal은 Fasten Seat Belt Sign 3회 점멸 후 On 한다.

(1) 방송

방송담당자는 Landing 안내방송을 실시한다.

(2) 객실점검

- 전 승무원은 착륙에 대비한 최종 객실 안전점검을 수행한다.
- 좌석벨트, 좌석등받이, Tray Table, 개인용 Monitor, Footrest 원위치, 화장실 안전점검 실시한다.
- 승무원은 제반 안전점검이 끝나게 되면, Jump Seat에 착석하여 좌석벨트와 Shoulder Harness를 착용하고 30 Second Review를 실시한다.
- 객실조명 Dim으로 조절한다.

05 착륙 후 업무

1) Taxing 중 업무

(1) 승객 착석 유도

- Fasten Seat Belt Sign이 Off 될 때까지 모든 승객의 착석을 유도한다.
- 안전업무를 수행하는 승무원을 제외하고, 다른 승무원들도 Jump Seat에 그대로 착석해 있어야 한다.

(2) Farewell 방송

- 방송담당자는 착륙 후 항공기 정지를 위한 Engine Reverse가 끝난 시점에 Farewell 방송을 한다.

Taxing 중 업무

- Fasten Seat Belt Sign Off까지 승객 착석 유도
- 승무원도 Jump Seat에 착석 유지
- 'Taxing 중 착석 안내' 방송 실시
- Farewell 방송 후 Boarding Music On

Door Open

- Safety Check
- 객실조명 Full Bright
- Fasten Seat Belt Sign Off 확인 후 Door Open
- 지상직원에게 Ship Pouch 인계 및 승객 특이사항 전달

승객 하기

〈승객 하기 우선순위〉
- 응급환자
- VIP, CIP
- PF / CL, FR / CL
- PR / CL
- UM, Special Care SVC 요청 승객
- EY / CL
- 제한 승객
- Stretcher 승객

객실점검 및 인수인계

- 유실물 점검
- 객실점검(Slide Mode점검, 기내용품 회수 확인)
- 보안점검
- 기용품 및 기판품 인수인계

Debriefing

- Cabin Squawk사항 CDLM 기재 확인
- 기내환자 관련 사항 처리내역
- 서비스 관련 특이사항 처리내역

비행종료 후 업무

- 각종 인수인계서 제출
- 기판대금 반납
- Taser 반납
- Cabin Report 제출
- 해외 Station(다음 편을 위한 Hotel Pick-Up Time 확인)

- Engine Reverse는 착륙 시 감속을 위해 엔진에 유입되는 공기의 흐름을 바꾸어 줌으로써 추력을 줄이고 착륙거리를 단축시킴과 동시에 항공기 제동을 돕는 것을 의미하며, 이 과정에서 심한 소음이 동반된다. 따라서 Engine Reverse가 종료되는 시점에 방송을 하는 것이 의미전달에 효과적이다.

(3) Boarding Music On

사무장은 Farewell 방송 후 Boarding Music을 On한다.

(4) Taxing 중 승객 착석 요청방송

사무장은 Gate 진입 전 'Taxing 중 승객 착석 요청'에 관한 안내방송을 실시한다.

2) Door Open

(1) Safety Check

- 항공기가 완전히 정지하고 Step Car 또는 Bridge가 연결될 때, 객실 사무장은 PA로 Safety Check을 지시한다.
- 착륙 후 승객 하기를 위한 시점이므로, Safety Check 지시에 따라 Slide Mode를 정상위치Disarmed, Manual Position로 옮겨놓는다.
- 사무장은 All Attendant Call로 지시 여부를 확인한다.

(2) 객실조명 조절

객실조명 조절 Panel이 있는 Station의 담당 Senior는 Full Bright로 조명을 조절한다.

(3) Door Open

- Door 개방 전 다시 한 번 Slide Mode가 정상 위치인지 확인하고, Door 주

변에 장애물이 없는지 살핀다.

- Fasten Seat Belt Sign이 Off되었는지 확인하고, 외부 지상직원에게 Door Open 허가 수신호를 준다.
  - Door Open 수신호 : 사무장은 대기하고 있는 외부 지상직원에게 Viewing Window를 통해 Thump Up 등의 Door Open 허가 수신호를 준다.
- Door Open은 소형기종을 제외하고 외부 지상직원이 개방한다.
  - 외부 지상직원의 Door 개방 : Slide Mode 오작동 및 기체결함으로 인한 Slide Miss Inflation을 방지하고, 이에 따른 사고를 방지하고자 소형 기종을 제외하고 외부에서 개방하는 것을 원칙으로 한다.

(4) Ship Pouch 인계

- 사무장은 지상직원에게 Ship Pouch를 인계하고, 중요승객이나 특별한 Care가 필요한 승객에 대한 정보를 전달한다.
- 승객에 대한 정보
  - 비행 중 Cleaning Coupon 발급 승객
  - 연결편 승객의 특이사항(Meal 관련 요구사항, Delay 불만 등)
  - UM, 특별서비스 요청 승객, 환자 승객

(5) 검역, 세관의 하기 허가 확인

- Station과 질병 발생상황에 따라 도착지 국가의 검역절차가 먼저 수행되어야 승객 하기가 가능한 곳이 있으므로 하기 허가가 필요한지 확인한다.
- 세관의 허가가 필요한지 확인한 후 승객 하기를 유도한다.

3) 승객 하기

승객 하기는 다음의 우선순위를 기준으로 하며 Class Divider를 사용할 수 있다.

- 응급환자
- VIP, CIP
- PF / CL, FR / CL 승객
- PR / CL 승객
- UM, Special Care SVC 요청 승객
- EY / CL 승객
- 제한 승객
- Stretcher 승객

하기 인사는 Jump Seat 주변에서 실시하며, 도움이 필요한 승객은 적극적으로 돕는다.

4) 객실점검 및 인수인계

(1) 유실물 점검

승객 하기가 완료되면 유실물 점검을 최우선적으로 신속히 실시한다.

- Seat Pocket
- Overhead Bin
- Lavatory
- Coatroom

(2) 객실점검

사무장은 최종적으로 기내를 순시하며 미회수된 서비스 아이템(Headphone, 기내잡지 등) 유무를 확인하며 Slide Mode를 재확인한다. 그리고 전 승무원은 담당구역별로 보안점검을 실시한다.

(3) 인수인계

비행이 종료되면 도착지 Station별로 기내물품 정리 및 특이사항 전달, 서류 인계 등 각종 인수인계 절차를 수행하여야 하며, 해외 도착인 경우와 모기지 도착의 경우에 따른 주의사항은 다음과 같다.

① Out Bound Flight

- Inventory List를 지상직원(Catering 담당자)에게 전달하여 교대팀이 서비스 물품 추가주문 시 참고하도록 한다.
- 기내 판매물품의 Seal 상태를 재확인하고 하기되지 않도록 한다.
- 기용품(Basket, Tong류, Pot, Tray 등)은 하기되지 않도록 Compartment 내에 보관한다.

② In Bound Flight

- 기판품 인계를 정확히 한다.
- Liquor류는 Sealing하고 Seal Number 인수인계서를 작성하여 Catering 담당자에게 전달한다.
- 파손되어 교체가 필요한 Basket류와 모든 기물은 하기될 수 있도록 한다.

5) Debriefing

(1) 실시장소

Debriefing은 비행 종료 후 비행 중 발생한 특이사항과 비행 후 업무절차를 객실사무장에게 보고하는 것으로 Bridge 근처에서 이루어지며, 경우에 따라 객실 전방에 모여 실시할 수도 있다.

(2) 실시기준

운항승무원을 제외하고 객실승무원 간에 이루어지는 것으로, 보고된 특이사항 중 별도보고가 필요한 사안은 리포트Report를 작성하여 제출한다.

(3) 내용

① 특이사항

- Cabin Squawk 사항(기내설비 고장 여부) Cabin Log 기재 여부 확인
- 서비스 불만사항 발생 여부와 처리내역
- 환자 및 부상승객 발생 및 처리내역
- VIP, CIP 탑승 여부와 특이사항

② 비행 후 업무절차 확인

- 각종 인수인계서 제출 확인
- 기판대금 이상 여부
- Taser 반납 관련
- Cabin Report 제출 관련

6) 비행 후 업무

(1) 모기지ICN, GMP

- 도착 후 각 승무원들은 Duty별로 정해진 업무를 수행하여야 한다.
- 각종 서류를 제출하거나 기내판매 담당자는 기판대금을 반납하고, 객실 사무장과 부사무장은 회사에 도착보고를 한다.

(2) 기타 지역

- 비행 종료 후 교대팀이나 지상직원에게 인계할 사항을 전달하고 호텔Hotel

도착 후 다음 편 근무를 위해 호텔에서 출발할 시간 등을 확인한다.

- Hotel Pick-UP 전 Hotel Lobby 혹은 Crew 전용라운지에서 객실브리핑을 실시하므로, 객실브리핑 장소와 시간을 전 승무원에게 공지한다.
- 다음 편 비행을 위해 충분한 휴식을 갖고 재충전할 수 있도록 철저한 자기 관리가 필요하다.

SECTION 2 국내선 객실서비스

국내선은 국제선과 달리 이륙 후 서비스 가용시간이 짧아 식사서비스는 불가능하며, 승객에게 제공되는 물적 서비스는 음료와 신문이 주를 이룬다.

국내선 업무절차를 간략히 살펴보면, 다음과 같다.

승객 탑승 전 기내서비스 물품 확인→안전 보안 관련한 점검완료→승객→이륙 전 안전점검→이륙 후 음료서비스→음료서비스 종료 후 서비스물품 수거→객실 안전점검 후 착륙→승객 하기→유실물 확인 및 안전점검 등이다.

국내선 객실승무원은 이러한 패턴의 비행이 하루에 최대 6회 반복해서 할당되기도 하므로, 매 비행을 임할 때마다 새로운 마음가짐으로 승객 응대에 최선을 다해야 한다. 국내선 업무 내용은 음료서비스와 신문서비스 방법을 제외하고 국제선 기준과 동일하다.

01 비행 준비

1) 필수휴대품 점검

객실승무원으로서 비행 업무를 수행하기 위해서 반드시 휴대하여야 할 물품들이 있으며, 비행 전 항상 소지 여부 확인을 철저히 해야 한다.

- 승무원 신분임을 증명하는 I.D Card
- 기내화, 앞치마

- 기내 방송문(방송 담당자)
- 그 외에 비행근무에 필요한 서류

2) 출근

객실승무원에게 있어 출근 준비 미흡과 이에 따른 지각은 비행근무 자체를 불가능하게 하는 요인이 되므로, 교통 혼잡 등을 고려하여 넉넉한 시간적 여유를 갖고 회사에 도착하도록 한다. 유니폼을 입고 출·퇴근을 하는 경우 정해진 유니폼 착용 규정을 준수하도록 한다.

3) 브리핑 전 비행정보 확인

객실브리핑에 참석하기 전 비행근무에 적합한 용모와 복장을 갖추어야 하며 해당 비행에 관한 정보를 숙지하고, 그 밖의 회사 전달사항 등을 확인하여야 한다. 사내 인터넷 정보망을 통해 다음과 같은 비행정보를 확인한다.

- Duty
- 기종 / Class
- 항공기 비상장비 및 시스템
- Door 작동법 / 비상사태 처리절차
- 업무지시

4) 브리핑

(1) 객실브리핑

객실브리핑이란, 객실승무원 전원이 모여 해당 비행편 근무를 위해 실시하는 간단한 회의라고 할 수 있다.

출발이 ICN, GMP, PUS 등 객실브리핑실이 운영되는 경우 정해진 장소와 시간에 객실브리핑을 하며, 기타지역인 경우 객실전방 혹은 Ship Side 등 승객과 분리된 장소에서 실시한다. 보통 출발 1시간 30분 전에 실시하나 11 : 00 이전 출발인 경우 1시간 10분 전에 객실브리핑을 한다.

객실브리핑의 내용은 다음과 같으며, 이외에도 공유되어야 할 정보를 교환하여 효율적인 서비스가 이루어질 수 있도록 한다.

- 승무원 소개, 용모복장 점검, 필수휴대품 확인
- 예약상황, 목적지 정보
- 최신 업무지시 내용 숙지
- 기종과 기번, 운영 Class
- Duty 및 착석 Jump Seat 확인
- 서비스 절차, 노선별 특성
- VIP, CIP, SPCL 승객 탑승사항 확인
- 항공기 안전, 보안장비 및 시스템 숙지
- Door 작동법, 비상사태 처리 절차

(2) 합동브리핑

합동브리핑은 비행 전 객실승무원과 운항승무원이 모두 참석하며 브리핑 주관은 운항승무원이 한다. Joint Briefing이라고도 하며 객실브리핑에 바로 이어서 혹은 이후에 실시된다.

합동브리핑 내용은 다음과 같다.

- 비행시간 및 항로, 운항고도, 운항속도
- 현지 및 비행 중 기상상태
- 승객 탑승현황, VIP, CIP, 환자, Extra Crew 등

- 안전 고려사항(Turbulence 시 절차)
- 비상절차(비상신호, Slide 사용, 비상탈출 등)
- 객실과의 협조사항(Sterile Cockpit 준수)

합동브리핑 장소는 항공사별로 상이하며 회사 내 정해진 장소, 항공기 탑승 전 Door Side, 탑승 후 최전방 A Zone 등에서 이루어지는 경우도 있다.

합동브리핑 시점은 항공사별로 다소 차이가 있으며, 항공사별로 회사 위치 변경 등에 따라 합동브리핑 장소와 시점이 변경되는 경우가 있다. 이는 효과적인 시간 안배를 통해 가장 합리적인 브리핑 절차를 찾기 위한 것이다.

5) Taser 수령

비살상 전기충격기인 Taser는 여객터미널 내의 안전보안실에서 수령하며, 항공기 내의 무기함에 안전하게 보관하여야 한다. Taser 수령은 회사에서 정한 비행근무자 2인이 실시한다.

안전보안 규정

비행 중 항공테러 위험 및 항공 안전을 저해하는 범법행위 발생률이 증가함에 따라 비살상 전기충격기를 기내에 탑재하고 있으며 운반 및 보관 시 각별한 주의가 필요하고, 특히 사용에 관한 규정을 반드시 숙지하여야 한다. 또한 승무원은 출입국 시 안전보안 규정에 따라 타인에게 부탁받은 서신 및 우편물 등의 운반은 하지 않는다.

6) 보안검색

브리핑 종료 후 국내선 청사로 이동하며 I.D Card를 패용하고 승무원 전용 검사대에서 X-Ray를 통과한다. 이는 항공기 반입 제한물품 소지 여부를 확인하기 위한 것이다. X-Ray 검사대 통과 후 해당 Gate로 이동한다.

02 이륙 전 업무

1) 항공기 탑승 및 승무원 개별 짐 보관정리

항공기 탑승 후 신속하게 승무원 각자는 업무 할당표에 명시된 Jump Seat 근처로 이동하여 기내화로 갈아 신고, 앞치마, 서류 등 비행 중 필요한 물품을 Galley 등에 보관하며, 그 밖의 짐은 정해진 곳에 보관한다.

2) Pre Flight Check

(1) 비상 / 보안장비 점검

이는 비행 중 발생할 수 있는 환자발생 및 비상사태 발생 시 신속하게 대처하기 위함이며, 객실승무원은 탑재된 비상 / 보안장비의 위치, 작동법, 이상 유무 등을 확인하여야 한다. 점검요령은 국제선과 동일한 기준으로 실시한다.(p.27 참조)

Door Side 주변의 비상장비 라벨

Door Side 주변의 비상장비 라벨

- 응급조치 장비
- 화재진압 장비
- 안전 장비
- 보안 장비
- 기타 장비 및 시스템 점검
- 커뮤니케이션 시스템
- 객실 조명
- Galley 장비
- Lavatory 장비
- 객실 설비

(2) 객실 청소상태 점검

담당구역별로 좌석, Seat Cover 및 Cushion, Overhead Bin, 복도 등의 청소상태를 신속히 확인하여 미흡한 부분이 발견될 경우에는 승객 탑승 전 그에 따르는 필요조치가 이루어질 수 있도록 한다. 그 밖에 Crew Rest Area, Coatroom 등도 청소상태 및 이상 유무를 확인한다.

(3) Catering Item 확인

각 Galley Duty는 해당 노선에 필요한 각종 서비스용품이 정확히 탑재되었는지 확인하고 객실 부사무장에게 보고한다. 미 탑재 혹은 부족분이 있는 경우, 출발지연이 되지 않도록 최대한 신속히 보고하여 추가 탑재되도록 하여야 한다.

국내선의 경우, 동일한 항공기로 왕복편 이상이 주로 운영되며 일부 서비스용품은 모기지 출발편에서만 탑재가 되므로, 승객 예약률 대비 충분한 서비스물품이 탑재되는지 확인하여야 한다.

3) 지상서비스 준비

(1) 서비스물품 준비

① Catering Item 점검

- 기물
- Pot(기종별 서비스 Flow 감안하여 충분한 수량인지 확인, 커피 / 녹차 서비스용)
- 음료
- 신문
- 화장실용품
- Cocktail Napkin / Cart Mat / Paper Cup / Plastic Cup / Cup Lid / Straw / Cream & Sugar / 인공감미료 / SVC Tag / Tray & Tray Mat / Plastic Bag(서비스용품 수거용) / 방향제 / 일회용장갑 / Refreshing Towel / 녹차팩 / 커피팩 / Ear Plug 등
- Serving Cart / Cart Holder
- Bulk로 탑재된 기물은 Galley별로 필요한 수량만큼 운반하여 적절하게 정리하여 둔다.

② 음료 Chilling 상태 확인

- 냉장 설비가 없는 기종인 경우, Cold Beverage는 Dry Ice로 Chilling되어 탑재된다.
- Chilling 상태를 확인하여 차갑지 않은 경우, Dry Ice를 적절히 재배치하거나 추가 탑재를 요청하여 차갑게 서비스 될 수 있도록 한다.
- 국내선은 얼음이 탑재되지 않으므로, 특히 탄산음료가 충분히 Chilling되도록 한다.

③ 신문 세팅Setting

- 신문은 Serving Cart를 이용하여 세팅하며, 항공기 밖 Bridge 접속 부분에 비치한다.
- 승객 탑승 시 Remote Parking(Step Car)인 경우는 Step Car 상단에 비치한다. 이 경우 방수 및 방풍 Canopy 설치가 없고, 악천후로 인하여 신문서비스가 원활하지 않을 경우는 Galley 선반을 이용하여 비치하거나 개별서비스 한다.
- Serving Cart에 신문 제호가 보이도록 하여 한글신문은 Cart 상단, 영자신문과 스포츠신문은 중단에 준비한다.
- 나중에 탑승하는 승객들에게도 골고루 서비스 될 수 있도록 승객 탑승 시 2~3번에 걸쳐 신문을 추가 세팅한다.

(2) 화장실 정리

- Roll Paper, Paper Towel 등이 충분히 탑재되었는지 확인한다.
- Liquid Soap이 충분히 보충되었는지 눌러보아 확인한다.
- 화장실 Flushing 상태, Ceiling에 Smoke Detector 확인, Trash Can 뚜껑의 닫힘 상태 등도 함께 확인한다.(p.160 참조)

4) 승객 탑승 환영인사 및 좌석 안내 / 휴대수하물 보관 안내

- 객실점검을 최종 확인하고 Boarding Music을 On한다.
- 기장과 협의하여 지상직원에게 승객의 탑승시작 시간을 확정한다.
- 승객 탑승이 시작되면, 객실사무장은 주 탑승구에 위치하여 전반적인 승객 탑승이 원활하게 이루어지도록 객실승무원을 배치하고 안내 업무를 지휘한다.
- 승객 탑승 전 전 승무원은 단정한 복장을 갖추고 Door 근처나 Aisle에 대

기하여 밝은 표정으로 승객에게 환영의 인사를 전하며 좌석안내를 하고, 특히 노약자, 환자, 유아동반 승객은 적극적으로 안내한다.

- Welcome 인사를 전담으로 하는 승무원은 주 탑승구에 위치하여 승객에게 환영인사를 하며, 탑승권 일자와 편명을 확인한 후 해당 좌석 방향을 안내한다.
- 각 클래스의 담당승무원들은 담당구역 비상구 주변을 기본으로 승객이 휴대수하물을 안전하게 보관할 수 있도록 유연성 있게 이동하면서 적극적으로 안내하고, 도움이 필요한 승객에게는 좌석 설비 및 화장실 위치 등을 안내한다.

① **승객 탑승시간 기준**

- 승객 탑승은 대형기인 B747 / B777-300은 D-30분
- B777-200 / A330-300은 D-25
- 그 외 기종은 D-20분을 기준으로 한다.
- 정시운항은 모든 항공사서비스의 척도가 되므로 Boarding Time을 준수하도록 노력하여야 한다.

② **승객 탑승 순서**

- Stretcher 승객
- UM, 제한 승객
- 노약자, 유아동반 승객
- VIP, CIP
- PF / CL, FR / CL 승객, MMC
- PR / CL 승객
- EY / CL 승객

5) 입항서류Ship Pouch 인수

객실사무장은 운항에 필요한 서류(Ship Pouch 및 S.H.R)를 지상직원으로부터 인수하여, 지상직원에게서 전달받은 승객정보와 일치하는지를 확인한다.

6) 항공기 Door Close

객실사무장은 기장에게 탑승객수와 객실준비 상황을 알리고 Door Close 여부를 확인한 후 기장의 허락 하에 Door Close를 한다.

Door Close 직후 PA를 통해 "Cabin Crew! Door Side Stand by! Safety Check!"이라고 방송하여, Slide Mode를 팽창 위치로 옮기도록 지시한다. 모든 항공기 Door의 Slide Mode가 팽창위치로 변환되었으면 환영인사가 이어지도록 조치한다.

7) Safety Check

Safety Check은 항공기가 지상이동을 위해 객실준비 상태를 점검하기 위한 것으로, 객실사무장은 Door Close 직후 PA를 통해 "Cabin Crew! Door Side Stand by! Safety Check!"이라고 방송을 하여 Slide Mode를 팽창 위치로 옮기도록 지시한다.

객실사무장은 All Attendant Call을 이용하여 모든 항공기 Door의 Slide Mode가 팽창 위치임을 전 승무원들로부터 보고받는다.

8) Push Back 준비완료

객실사무장은 객실 준비사항을 재확인 한 후 기장에게 Push Back 준비완료를 구두로 보고하거나 Handset의 'Cabin Ready' 기능Handset의 Button을 이용하여 약속된

신호음을 Cockpit에 전달하는 것으로 보고할 수도 있다.

- 승객좌석 점검 : 좌석 착석 및 좌석벨트 착용 상태
- 객실점검 : 휴대수하물 정위치 보관, Overhead Bin 닫힘 상태, Aisle Clear 상태 확인, 비상구 좌석 착석 상태
- Galley 점검 : Cart 및 Compartment 고정 상태
- 모든 Door의 닫힘 상태와 Slide Mode 변경 여부

9) Welcome 방송 / 환영인사

Safety Check 직후 방송 담당자가 실시하며 객실승무원은 담당 Zone 전방에 대기하여 Welcome 방송 첫 인사말에 맞추어 승객을 향해 정중례(45도)를 한다.

10) 안전 업무

(1) Safety Demonstration

- Safety Demonstration은 항공 규정에 의한 의무사항이므로 반드시 이륙 전 실시하여야 하며, 이륙이 이루어지는 모든 구간에서 실시한다.
- 실연 또는 상영이 끝난 후 담당구역별로 승객의 벨트 착용 및 안전점검을 실시한다.

(2) Cabin 안전점검

- 승객 이륙준비 재확인
- Galley 유동물 고정
- 화장실 승객 유무 확인 및 유동물 고정
- 승객들의 전자기기 사용금지 안내 및 확인을 한다.

11) 30 Seconds Review

모든 승무원들은 안전 관련 업무 종료 즉시 지정된 Jump Seat에 착석한 후 좌석벨트와 Shoulder Harness를 착용하고 30 Seconds Review를 실시한다.

12) 객실사무장 추가 업무

- 객실사무장은 이와 같은 객실준비를 최종 확인하며, 이륙준비 완료 여부를 묻는 Take Off Signal(Fasten Seat Belt Sign / Chime 3회)이 나오면 이륙 안내방송을 한다.
- 기장에게 인터폰 또는 Handset 기능을 이용하여 이륙준비 완료를 보고한다.
- 이륙 전 객실조명을 외부밝기에 맞도록 적절하게 조절한다. 따라서 야간 비행인 경우 각 Aisle 담당승무원은 이륙 전 객실점검 시 독서 중인 승객에게 의향을 묻고 독서등을 미리 켜주는 것이 필요하다.

03 이륙 후 업무

이륙 후 Fasten Seat Belt Sign이 Off되면, 방송담당자는 좌석벨트 상시 착용 안내방송을 하고, 그 외의 승무원들은 Galley로 이동하여 음료서비스 준비를 한다. 음료서비스 시에는 Apron을 착용하며 서비스 방법은 다음과 같다.

① Tray를 이용하여 Galley에서 다양한 음료를 미리 세팅하여 서비스하는 방법이다.

② Serving Cart를 이용하여 승객에게 직접 주문을 받아 서비스하는 방법이다.

③ Full Cart를 이용하여 Cart 상단에 음료를 세팅하고, 직접 승객에게 주문을 받아 서비스하는 방법이다.

위와 같이 Tray, Serving Cart, Full Cart 등을 이용한 음료서비스 방법은 서비스 가용시간의 차이에 따른 것으로, Tray를 이용한 경우 Apron 착용을 생략하기로 한다.

1) 음료서비스 준비

(1) Cart 서비스인 경우

- 기종별 서비스 Flow에 따라 필요한 Cart 수량만큼 Serving Cart와 Cart Holder를 준비하여 세팅한다. 이때 접혀진 Serving Cart를 펴는 동작에서 많은 소음이 발생할 수 있으므로, 최대한 조용히 준비한다.
- 승객 탑승률을 고려하여 커피를 Brew하고 커피의 온도 및 농도를 시음하여 확인한다.
- Tea 서비스용 Pot은 Hot Water로 Warming 한 후 Hot Water를 받아 녹차 Tea Bag을 우려서 준비한다.
- 커피와 녹차는 충분히 뜨거운지 확인하고, 콜라, 생수 등 Cold Beverage는 차갑게 서비스 될 수 있도록 준비한다.
- 국내선의 경우 냉장고 설비가 없는 기종이 운용되는 경우가 많으므로, Cold Beverage는 Dry Ice를 이용하여 충분히 차갑게 서비스되도록 사전에 철저히 점검한다.
- Muddler Shelf에 Cream, Sugar, 인공감미료, Muddler, Straw, Cup Lid, SVC Tag, Refreshing Towel을 준비한다.
- Cart 상단 양 끝에 회수용 Plastic Bag을 달아 준비하다.
- Serving Cart 상 · 중 · 하단에 Cart Mat를 깔고 아래 그림과 같이 세팅한다.

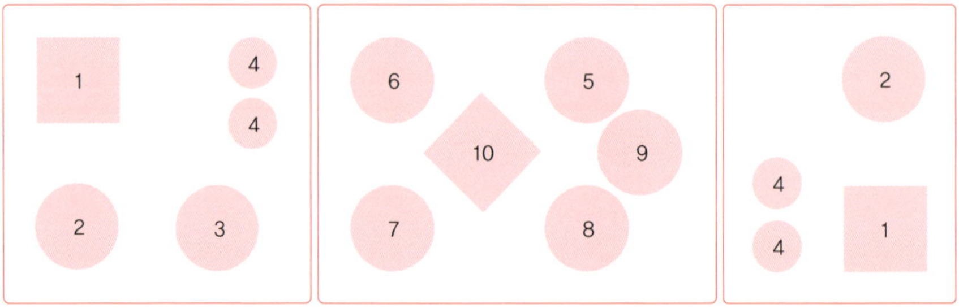

1 Cocktail Napkin 2 Coffee Pot 3 Tea Pot 4 Paper Cup 5~9 Juice & Water 10 Muddler Shelf

Cart 상단

Tray 위에 여분의 Cold Beverage를 뉘어서 준비한다.

Cart 중단

- Full Cart 서비스 준비도 Serving Cart와 동일하나, Cart Holder 대신 투명한 Drawer를 이용해 Muddler Shelf와 Beverage, Paper Cup을 고정시키고 상단 양 옆에 Pot과 Cocktail Napkin을 세팅한다.
- Full Cart 준비 시 여분의 음료는 Cart 내부에 Drawer나 Tray를 이용하여 준비하고, 회수용 Plastic Bag은 Cart 내부에 두거나 손잡이에 달아 준비한다.

Full Cart 상단의 예

(2) Tray 서비스인 경우

- Tray로 음료를 서비스하는 구간은 서비스 가용시간을 감안하여 Apron 착용을 생략한다.
- Galley에서 Cold Beverage 위주로 세팅한다.
- Cocktail Napkin은 승객쪽을 향하도록 트레이 끝쪽으로 준비한다.

- 커피Coffee를 원하시는 승객을 위해 1Pot 정도 끓여 개별서비스 한다.

2) 객실 순회

서비스 준비로 객실 공백이 발생하지 않도록 객실사무장은 객실순회를 하며 기내온도, 기내방송 볼륨Volume 상태, 특별히 도움이 필요한 승객을 응대하며 필요한 조치를 취한다.

3) 음료서비스

(1) Cart 서비스인 경우

- 서비스 진행은 기종별로 정해진 서비스 Flow에 따라 시작한다.
- 승객에게 음료를 주문받아 Cocktail Napkin을 깔고 승객 테이블에 놓아드린다. 항공기 구조상 어려운 경우, 양해를 구하고 직접 손으로 전달해 드린다.
- 커피를 원하는 승객에게는 Cream과 Sugar 필요 여부를 물어 서비스한다.
- 녹차서비스 시에는 종이컵에 7~8부 정도 따른 뒤 Cocktail Napkin을 깔고 승객 테이블에 놓아드린다.
- 취침 중이거나 잠시 자리를 비운 승객에게는 승객의 전면 Seat Back에 Svc Tag을 부착하여 원하는 시점에 서비스 받을 수 있도록 하고, 음료서비스를 마치는 시점이나 Approaching Signal 후 해당 승객의 의향을 다시 한 번 확인한 후에 SVC Tag을 제거한다.
- Used Cup을 회수할 때는 서비스 Flow와 반대방향으로 진행하며, Refill 여부를 물으며 추가서비스 혹은 회수를 한다.
- Approaching 시점에 트레이Tray를 이용하여 Used Cup 회수를 재차하고 SVC Tag 부착 승객의 주문 여부를 확인한다.

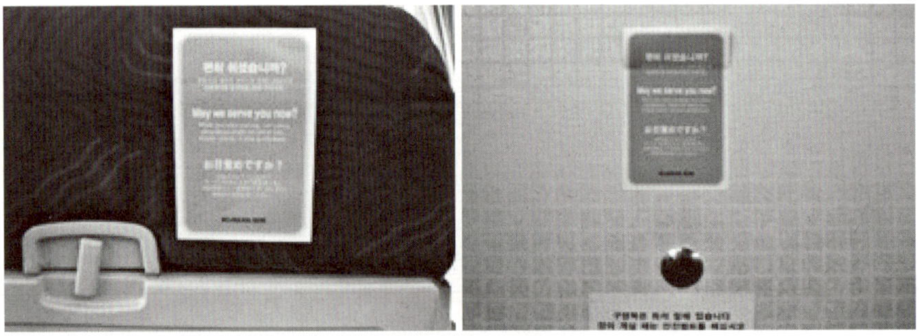

SVC Tag 부착의 예

(2) Tray 서비스인 경우

- Galley에서 Cold Beverage 위주로 트레이에 준비한 음료를 승객에게 보이며 권한다.
- 선택한 음료는 승객이 직접 집도록 유도하며, Cocktail Napkin이 세팅된 쪽이 승객을 향하도록 하여 Cocktail Napkin을 쉽게 집을 수 있도록 배려한다.
- 충분히 원하는 음료가 서비스 될 수 있도록 리필Refill 서비스하며, 준비된 음료 이외의 음료를 원하시는 경우는 개별적으로 서비스한다.

4) 서비스 시 유의점

- 준비된 음료를 간단히 소개하며, 주문은 밝은 표정과 공손한 태도로 받는다.
- 음료는 창측 안쪽 승객부터 서비스하며, 창측 손님에게 제공할 때는 통로측 손님에게 양해를 구하고 제공한다.
- 승객을 마주보아 왼편 승객에게는 왼손으로, 오른편 승객에게는 오른손으로 서비스하는 것이 원칙이나, 뜨거운 음료인 경우 편한 손으로 서비스한다.
- Cart를 두 명의 승무원이 앞뒤로 마주잡고 서비스하는 경우, 뒤쪽에서 잡고 있는 승무원은 반드시 몸의 방향을 돌려 승객을 정면으로 응대하여야 한다.

- 어린이 승객에게 서비스하는 음료는 Cup Lid를 덮고 Straw를 꼽아 서비스 한다.
- Used Cup 회수 시 리필Refill 여부를 확인하며 세심한 서비스가 되도록 배려 한다.
- 국내선은 잦은 Turbulence가 예상되거나 서비스 가용시간이 짧아 고도가 안정되지 않은 상태에서 서비스하는 경우가 있다. 따라서 음료를 쏟거나 Hot Beverage로 인한 화상 등 승객 불편이 초래되는 경우, 정중한 사과와 함께 신속하고 적절한 조치를 취한 후 사무장에게 보고한다.

04 착륙 전 업무

국내선은 국제선과 비교하여 노착 선 업무가 복잡하지 않으며 착륙에 대비한 승객과 객실 내 안전점검이 주요 업무이다. 상위클래스인 경우 Coatroom에 보관했던 승객 의복을 전달하고, 그 밖에 Baby Bassinet 이용 승객에게는 양해를 구하고 원위치하여야 한다.

1) Approaching Signal 후

- Approaching 방송 실시
- 미 회수된 서비스 Item 회수
- 승객 보관물품 반환(의복)
- 좌석 주변 정리
- Galley 내 유동물 보관상태 점검
- Serving Cart 및 탑재물품 고정상태 점검
- Lavatory 점검

- 승객 잔류 여부
- 각 Compartment Locking 상태 & 변기뚜껑 닫힘 상태

- 승객의 휴대수하물 보관상태 점검
- Special Care 승객 착륙준비 협조
- 담당구역별 작별Farewell 인사
  - 특별 배려가 필요한 승객(불만승객, 몸이 불편한 승객, 제언승객 등) Personal Touch

2) Landing Signal 후

- Landing 방송 실시
- 최종 객실 안전점검
- 객실조명 Dim 조절
- 승무원 착석 / 30 Second Review

05 착륙 후 업무

1) Taxing 중 업무

Fasten Seat Belt Sign이 Off될 때까지 모든 승객이 착석상태를 유지하도록 하며, 승무원도 Jump Seat에 착석한 상태를 유지하고, 방송담당자는 Engine Reverse가 끝나는 시점에 Farewell 방송을 한다.

Farewell 방송이 끝나면 Boarding Music을 켜고 게이트Gate로 항공기가 진입하는 시점에 승객들이 하기 준비로 일어나는 경우가 많으므로, 사무장은 이 시점에 Taxing 중 착석 안내방송을 한다.

2) Door Open

- Safety Check 후 All Attendant Call에 응답
- Fasten Seat Belt Sign Off 확인 후 Door Open 허가 수신호 전달
- 지상직원에게 Ship Pouch 인계 및 승객 특이사항 전달
- 객실조명 Full Bright
- Step Car를 이용하여 하기 하게 되는 경우는, 안전사고가 발생하지 않도록 별도의 안내방송을 실시한다.

3) 승객 하기

승객 하기 시 승무원들은 해당 Jump Seat 근처에서 하기 인사를 하며, 도움이 필요한 승객은 적극적으로 하기를 돕는다. 승객 하기 우선순위는 다음과 같다.

- 응급환자
- VIP, CIP
- PF / CL, FR / CL 승객
- PR / CL 승객
- UM, Special Care SVC 요청 승객
- EY / CL 승객
- 제한 승객
- Stretcher 승객

4) 기내 점검

(1) 유실물 점검

승객 하기 후 유실물 점검을 최우선적으로 신속히 실시한다.

- Seat Pocket
- Overhead Bin
- Lavatory
- Coatroom

(2) 객실점검

- 사무장은 최종적으로 기내를 순시하며 객실 설비 이상 유무를 확인하며 Slide Mode가 정상위치에 있는지 재확인한다.
- 전 승무원은 담당구역별로 보안점검을 실시한다.

5) Debriefing

(1) 실시장소

Debriefing은 비행 종료 후 비행 중 발생한 특이사항과 비행 후 업무절차를 객실사무장에게 보고하는 것으로 Bridge 근처에서 이루어지며, 경우에 따라 객실 전방에 모여 실시할 수도 있다.

(2) 실시기준

운항승무원을 제외하고 객실승무원 간에 이루어지는 것으로, 보고된 특이사항 중 별도보고가 필요한 사안은 리포트Report를 작성하여 제출한다.

(3) 내용

① 특이사항

- Cabin Squawk 사항(기내설비 고장 여부)에 대한 Cabin Log 기재 여부 확인
- 서비스 불만사항 발생 여부와 처리 내역
- 환자 및 부상승객 발생 및 처리 내역

- VIP, CIP 탑승 여부와 특이사항

② 비행 후 업무절차 확인

- 각종 인수인계서 제출 확인
- Taser 반납 관련
- Cabin Report 제출 관련

SECTION 3 객실안전 업무

객실승무원은 서비스 업무 외에도 비행 시점별로 다양한 안전업무를 수행하여야 한다. 또한 일상적인 비행안전 업무뿐만 아니라 비상사태가 발생하였을 경우에 대비한 훈련을 정기적으로 이수하여 객실승무원의 자격을 유지하여야 한다. 다음은 객실승무원의 업무 이해를 위한 대략적인 일상 안전업무에 대한 설명이다.

01 비행 전 안전업무

1) 상시

- 객실승무원은 비행근무 시 항상 항공기 주변상황에 대해 유의하며 근무하여야 한다. 특이한 냄새나 소리가 나거나 엔진 주위에 불꽃 등이 발생한다면, 즉각 정확한 위치를 기장에게 보고한다.
- 지상에서 급유 중 심한 냄새나 연기가 발생한다면, 기장 또는 지상직원에게 통보한다.
- 항공기가 지상에서 대기하거나 이동하는 경우, 객실승무원은 담당 Zone의 Door 주변에 각각 분산하여 위치한다.
- 승객들이 Passenger Sign을 준수하도록 한다.
- 승객들이 전자기기 사용에 대한 규정을 준수하도록 안내한다.
- 승객의 기내업무 방해 행위에 대하여 규정에 따라 응대한다.

〈기내업무 방해 행위〉

- 승무원과 타 승객에 대해 폭행, 폭언, 협박, 위협을 하는 행위
- 만취로 인한 기내소란 행위
- 기내 안전수칙 위반 행위(흡연, 전자기기 사용 규정 미 준수)
- 승무원 간 또는 승객 간 성희롱 및 성추행
- Door Handle 조작 행위, Smoke Detector 훼손 행위, 좌석 무단점유 행위 등

2) 승객 탑승 전

- 객실브리핑과 합동브리핑에 참석한다.
- 규정된 곳에 승무원의 짐을 보관하여야 한다.
- 비상/보안장비 점검 후 사무장에게 보고한다.
- 사무장은 기내 장비/시스템 이상 시 기장에게 보고하고 정비사에게 알린다.
- 기장은 MEL에 의거하여 조치사항을 결정한다.
- 항공기 보안검색 체크리스트Check List에 의거하여 보안검색을 실시한다.
- PA 상태를 확인한다.
- Evacuation Command Switch를 작동하여 이상 여부를 확인한다.
- Emergency Light Switch를 작동하여 이상 여부를 확인한다.

MELMinimum Equipment List

기종별로 비행이 가능한 최소설비 및 상태를 규정한 근거로서 운항 전에 항공기 장비나 시스템에 결함이 발견된 경우, 출발 허용을 결정하는 기준이 되는 항목들의 리스트이다. 발견된 결함이 수리가 불가능한 경우 MEL 범위에서 출발시킬 수 있다.

3) 승객 탑승 중

- 기종별 승무원 최소 탑승인원을 유지하여야 하며, 해당 승무원은 항공기를 이탈할 수 없다.

  〈최소 탑승인원의 예(국제선의 경우)〉

  - B747-400(744P) : 9명

    착석 위치(DP / L2L / L3L / L4 / R2R / R3R / R4 / R5 / UL)

  - A330-300(333P) : 6명

    착석 위치(DP / L2 / L3 / L4L / R2 / R3)

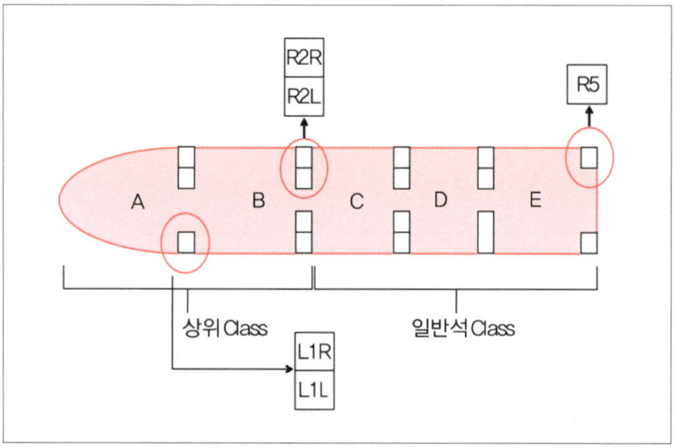

B747 Main Deck Zone 및 Jump Seat 위치

- 승객 탑승상황과 휴대수하물 규격, 수하물 보관이 규정 준수 여부를 확인한다.

  〈휴대 수하물 규정〉

  - EY : 길이(55) × 높이(40) × 폭(20) = 115cm, 12kg 1개
  - FR, PR : 길이(55) × 높이(40) × 폭(20) = 115cm, 18kg 2개
  - EY의 경우, 노트북 컴퓨터, 핸드백과 서류가방은 추가로 허용한다.

- 비상구 주변은 항상 클리어Clear한 상태를 유지한다.
- 과대수하물 발견 시 운송직원에게 알려 조치하며 기내 반입을 규제하여야 한다.
- 비상구 좌석 승객의 적합성을 확인하고 비상구 좌석 승객에게 브리핑을 실시한다.

4) Push Back 전

- Cart 및 기물, 서비스용품의 정위치 보관 여부를 확인한다.
- Safety Check 지시에 따라 Slide Mode를 팽창 위치로 변경 후, 상호 확인 한다.
- All Attendant Call에 응답한다.
- 승객 착석을 유도한다.
- 사무장은 최종적으로 객실의 이륙준비를 확인하고, 기장에게 Push Back 준비 완료를 보고한다.

5) Taxi Out 중

- 비행안전 취약 단계 규정을 준수하나 비정상 상황 발생 시 기장에게 연락 할 수 있다.
- Safety Demonstration을 실시한다.
- Demo 실시 동안 전 승무원은 담당 Zone 비상구 주변에 위치한다.
- 안전업무 종료 후 Jump Seat에 착석하고, Shoulder Harness를 착용하고 이륙준비 자세를 한다.

6) 이륙 전

- 승객 좌석 원위치 및 좌석벨트 착용상태 점검 및 객실안전 점검을 마무리한다.
- 화장실 잔류승객을 확인한다.
- 객실조명을 조절한다.
- 30 Second Review를 한다.
- Take Off Signal이 나오면 이륙준비 완료를 기장에게 보고한다.
- 이륙 안내방송을 한다.

02 비행 중 안전업무

1) 비행 중

- '비행 중요단계' 규정을 준수한다.
- Fasten Seat Belt Sign이 On되면 객실안전 점검을 실시한다.
- 화장실과 Door 주변 등 객실 전체를 주기적으로 확인한다.
- 사용하지 않는 Cart는 정위치 보관한다.
- 조종실 주변의 보안을 유지한다.

2) 착륙 전

이륙 전 안전업무와 동일한 기준으로 실시한다.

3) Taxing 중

Fasten Seat Belt Sign이 Off 될 때까지 승무원 및 승객 착석을 유지한다.

03 비행 후 안전업무

1) 도착 후

- 승무원 최소 탑승인원을 유지한다,
- 사무장의 Safety Check 지시에 Slide Mode를 변경하고 상호 확인한다. 이때 Slide Mode는 정상위치로 변경한다.
- All Attendant Call에 응답한다.
- Door 개방 시 항공기 외부 지상직원에게 Door Open Sign을 통보한다.

REFERENCES

김혁(2000). 프랑스 와인기행, 세종서적.
대한항공 Cabin Service Manual.
대한항공 객실승무원을 위한 항공상식.
대한항공 기내방송집.
대한항공 신입사원 입사교육교재.
박혜정(2010). 항공객실업무, 백산출판사.
방진식(2011). Incredible Truths About Wine.
심종수 · 원동헌(2010). 항공기 객실구조 및 안전장비, 기문사.
안대희 외(2015). 와인 & 소믈리에, 지식인.
조선이(2010). 항공객실서비스 실무 백산출판사.
조영신 외(2012). 최신 항공객실 업무론, 한올.

대한항공 홈페이지 http://www. Koreanair.co.kr
보잉사 홈페이지 http://www.boeing.com
봄바르디에 홈페이지 http://www.bombardier.com
아시아나 홈페이지 http://www. Flyasiana.com
에어버스 홈페이지 http://www.airbus.com
위키피디아.
헤럴드경제, 2015.3.31.